Himmelstürmer Verlag

Der Autor Axel Limberg ist nicht nur Journalist, sondern seit zweieinhalb Jahren auch ehrenamtlicher Flüchtlingsbetreuer in Hamburg. Er kümmert sich um Jugendliche, die ohne ihre Familien in Deutschland gelandet sind. Ob Schwule darunter sind, hat sich noch nicht herausgestellt. Für mehrere Jugendliche hat er Vormundschaften übernommen. Oder, wie es ihm die Familienrichterin gesagt hat: „Sie sind jetzt Mutter und Vater zugleich." Als Journalist war Axel Limberg sechs Jahre lang Redakteur beim schwulen Stadtmagazin hinnerk. „Das rettende Ufer" ist nach „Das Plankton-Manifest" sein zweites Sachbuch.

Himmelstürmer Verlag, 31619 Binnen
www.himmelstuermer.de
E-Mail: info@himmelstuermer.de
Originalausgabe, September 2017

Rechtschreibung nach Duden, 24. Auflage

Coverfoto: ©fotolia.de

Umschlaggestaltung: Olaf Welling, Grafik-Designer AGD, Hamburg.
www.olafwelling.de

ISBN print 978-3-86361-596-3
ISBN e-pub 978-3-86361-597-0
ISBN pdf 978-3-86361-598-7

Axel Limberg

Das rettende Ufer

Schwule Flüchtlinge berichten

Himmelstürmer Verlag

Inhalt

Vorwort

Die Flüchtlinge – das Mega-Thema unserer Zeit! Mal war von einem *Strom*, dann von einer *Welle* die Rede; es ging um *Obergrenzen*, zwischenzeitlich wurde eine Flüchtlings*krise* ausgerufen. Journalisten schrieben von einem *Ansturm*, Politiker redeten gar von einer *Lawine*.

Strom, Welle, Krise, Ansturm, Lawine – das alles klingt schlimm, nach einer Naturkatastrophe oder an militärischen Bewegungen. Dass es in erster Linie um Menschen geht, rückt durch diese Wortwahl in den Hintergrund. Brutaler noch: Mit diesen weder positiven noch neutralen Begriffen nimmt man den Geflüchteten jede menschliche Betrachtung.

Viel zu selten ging und geht es den Medien und der Politik um das einzelne Schicksal. Viel zu oft wurden die Flüchtlingsbewegungen genauso analysiert wie die Börsenbewegungen. Von Anfang 2015 bis Mai 2017 wurden in Deutschland 1.317.328 Asylanträge gestellt. Das sind 1.317.328 Menschen und ebenso viele Lebensgeschichten.

Ein paar Hundert dieser Menschen haben einen sehr speziellen Grund, warum sie zu uns geflohen sind: Sie sind aufgrund ihrer sexuellen Orientierung und Identität hier. Als Schwule wurden sie in ihrer Heimat verfolgt – dort drohen ihnen Gefängnis, Folter oder sogar der Tod.

Die Lebenswege der schwulen Flüchtlinge unterscheiden sich erheblich. Je nach Heimatland oder Region sind Homosexuelle ganz unterschiedlichen Gefahren ausgesetzt. Hinzu kommt die persönliche Situation: Wie öffentlich wurde ihr Schwulsein in der Heimat? Müssen sie sich nicht nur vor dem Staat, sondern auch vor ihrer Familie fürchten?

Ich habe für dieses Buch mit vielen Menschen gesprochen. Mit schwulen Geflüchteten, Flüchtlingsorganisationen und ehrenamtlichen Helfern. Herausgekommen ist eine Betrachtung, in der ich die Lebensgeschichten und Gedanken von sieben schwulen Flüchtlingen nachzeichne. In den Texten weite ich zusätzlich den Blick auf die Themen, die für Flüchtlinge von besonderer Bedeutung sind: Heimatgefühle, das „Ankommen“ in Deutschland, berufliche Perspektiven – es sind nur drei dieser großen Themen. Ergänzt werden die Berichte der Geflüchteten um Interviews, die Hintergründe beleuchten.

Ich habe dieses Buch nicht nur als Journalist, sondern auch als Experte geschrieben. Seit zweieinhalb Jahren betreue ich selbst minderjährige, unbegleitete Flüchtlinge. Einen kompletten Überblick habe ich dadurch sicher nicht gewinnen können. Doch hunderte Gespräche mit Geflüchteten fließen als Erfahrung in dieses Buch ein. Eindrücke, die entstehen, weil ich in der ehrenamtlichen Flüchtlingsarbeit unterschiedliche Rollen einnehme: Ich bin mal Vormund oder Pate, mal großer Bruder oder kleiner Vater, zuweilen auch Großvater (das liegt weniger an meinen teilweise bereits ergrauten Haaren – vielmehr gehen die hauptamtlichen Betreuer in den Jugendheimen eher als strenge Eltern durch, während ich etwas mehr erlaube oder außer der Reihe mit einem kleinen Geschenk überrasche, wie ein Opa es eben tun würde).

Wer aus schwuler Perspektive auf das Flüchtlingsthema blickt, muss das mit gemischten Gefühlen tun. Die meisten Asylbewerber kommen aus Ländern, in denen Schwule verfolgt werden. Die Ressentiments dieser Menschen gegenüber unserem Lebensstil sind entsprechend groß. Doch das muss nicht so bleiben. Erfolgreiche Integration kann diese schwere Hürde meistern. Das ist nicht nur meine Überzeugung, das ist auch meine Erfahrung. Doch werden wir so eine erfolgreiche Integration nicht immer hinbekommen. Nicht alle Geflüchteten werden oder wollen verstehen und verinnerlichen, dass Schwulsein etwas ganz Normales ist. Solche nicht zu integrierten Menschen gehören, wenn sie mit ihrer Meinung hausieren gehen, aus meiner Sicht abgeschoben, sobald es die Bedingungen in ihrem Heimatland zulassen. Sie passen nicht in unsere offene Gesellschaft. Leider spielt im Asylrecht gelungene Integration keine Rolle. Menschen, die gegen Schwule wettern, kein Deutsch lernen und nicht arbeiten wollen, haben mit einem positiven Asylbescheid keine Abschiebung zu befürchten und dürfen bleiben.

In allen Gesprächen zu diesem Buch war die schwulenfeindliche Grundeinstellung vieler Asylbewerber ein großes Thema. Dazu habe ich sehr unterschiedliche Antworten und Lösungsansätze erhalten.

Eine spannende Frage in diesem Zusammenhang ist, wie die von mir betreuten Jugendlichen – allesamt nicht schwul – mit meinem Schwulsein umgehen. Immerhin kommen auch sie alle aus Ländern, in denen Schwulen das Leben schwer, zuweilen gar zur Hölle gemacht wird. Nach zweieinhalb Jahren ehrenamtlichen Engagements kann ich sagen: Sie gehen mit diesem Thema äußerst entspannt um! Zwölf Jugendliche wissen es inzwischen – keiner von ihnen hat sich abgewendet. Die meisten machen es nicht zu einer großen Angelegenheit, drei stellen öfters Fragen. Einer will unbedingt, dass ich meinen Freund heirate (besonders, seit die Ehe für alle durch den Bundestag gekommen ist). Er würde auch Blumen streuen. Alle besuchen uns sehr gerne, niemand will auf eine herzliche Umarmung zur Begrüßung verzichten. Alles ganz normal.

Zu Beginn meiner Tätigkeit hätte ich niemals damit gerechnet, dass es so kommen würde. Die entspannte Situation heute hat aber auch viel mit dem zu tun, wie sich die Dinge entwickelt haben. Von Anfang an habe ich mich um die ruhigen, zurückhaltenden Jungs gekümmert. Verhaltensauffällige oder gar aggressive Jugendliche gehörten nie zu denen, um die ich mich kümmern wollte. Ganz bestimmt sind unter diesen Heranwachsenden welche, die Probleme mit meiner Homosexualität gehabt hätten.

Aber auch „meinen" Jugendlichen habe ich erst spät, nach und nach, von meinem Schwulsein erzählt. Dieses späte Offenbaren fiel mir als offen Schwuler nicht leicht, da ich es seit über zwei Jahrzehnten gewohnt bin, ganz selbstverständlich mit meinem Schwulsein umzugehen. Doch bei den Jugendlichen habe ich mich immer erst geoutet, wenn ich das Gefühl hatte, der Jugendliche würde die kulturellen Unterschiede, Normen und Werte zwischen seiner Heimat und Deutschland überblicken. Wenn dann ein Jugendlicher soweit war, und ich es ihm erzählt habe, waren die Reaktionen meistens überraschend: Einer wollte mich sofort umarmen. Er fand es toll, dass ich ihm so eine persönliche Sache erzählt habe. Ein anderer hat sich nach der Gesetzeslage erkundigt und dann nachgefragt, ob man neben der Eingetragenen Partnerschaft (bald Ehe für alle) denn auch noch eine Frau heiraten könne. Ein dritter kam auf einen afghanischen Brauch zu sprechen: Danach haben dort Männer in bestimmten Regionen Sex mit Kindern und männlichen Jugendlichen. Dem schloss sich ein längeres Gespräch über Vergewaltigung und Pädophilie auf der einen Seite, sowie Liebe und einvernehmlicher Sex auf der anderen Seite an.

Es ist eine Selbstverständlichkeit, die mir am häufigsten in den Sinn kam, als ich mit Geflüchteten über oder zu diesem Buch gesprochen habe: Schwule haben in großen Teilen Deutschlands die Möglichkeit, ein relativ unbeschwertes Leben zu führen. Welch eine Errungenschaft, welch ein Glück.

„In Damaskus war ich am Ende kein Mensch mehr.“ Dani, 20, aus Syrien

Brust raus, Arsch raus – und dann dieses Lächeln. Wenn Dani den Raum betritt, dann ist das stets ein Auftritt. Die Menschen können nicht anders, sie müssen sich einfach nach ihm umdrehen. Selbst wenn sie Dani nur aus dem Augenwinkel sehen. Er erntet dann nicht nur Blicke, er setzt auch Gedanken in Gang. Die haben natürlich mit seinem Äußeren zu tun: androgyn, auch mal männlich, besonders aber weiblich. Und Dani wäre nicht Dani, wenn er seine feminine Seite verstecken würde. Er setzt sie gekonnt in Szene.

„In Syrien war ich ganz offen schwul. Ich habe mich nie verstellt.“ Schon mit elf Jahren wurde ihm klar, dass ihn Männer reizen und nicht Frauen. Früh mit reichlich Selbstbewusstsein ausgestattet, war das Coming-out gegenüber seiner Mutter der schnelle, nächste und logische Schritt. Dann war die Öffentlichkeit dran. Dani wurde in kürzester Zeit zu einem schwulen Facebook-Star. „Ich habe meinen Stil sehr offensiv gelebt. Und diese Offenheit hat mich schließlich berühmt gemacht“ sagt er.

Doch gehörte wohl noch mehr dazu, um diese Bekanntheit zu erlangen. Die große Bühne ist die seine. Auf Facebook startete er mit Partybildern und Selfies, zeigte sich mit den hübschesten Jungs des Viertels. Dann wurde es richtig abwechslungsreich: Dani im Kurt Cobain-Look mit Zigarette im Mundwinkel, am Strand im Sixties-Stil, in Nahaufnahme – mal verwegen, mal elegant, immer porentief. Ein paar Klicks weiter streckt er die Beine wie die Bardot gen Himmel, mimt den Überraschten im knappen Höschen, gibt sich als Fußballstar mit großen Kopfhörern und Pornobrille, dann wieder äußerst lasziv. Mal posiert er mit seiner vollen Weiblichkeit, dann wieder markant männlich. Weil das alles nicht aufgesetzt, sondern spielerisch wirkt, stieg die Zahl seiner Facebook-Freunde rasant. Wurde er durch die sozialen Medien gar zum bekanntesten

Schwulen seines Landes? Die Frage gefällt ihm. Mit einem schelmischen Grinsen bleibt er nicht eindeutig: „Ja, oder vielleicht."

Er selbst bezeichnet sich nicht als Aktivist, hat nie in einer Schwulenorganisation mitgemacht, auch demonstrieren ist seine Sache nicht. Oder doch? War nicht jedes neue Bild auf seinem Profil, jeder Gang über die Straße eine stolze Demonstration seines Andersseins und für das Anderssein? Noch dazu in einem muslimischen Land, in dem Schwule im Gefängnis landen können? Ich denke, er war ein Aktivist. Wenn auch nicht im klassischen Sinne.

Vor dem Krieg wurden Schwule in Syrien nur selten strafrechtlich verfolgt. Jetzt, im Krieg, befassen sich Strafverfolgungsbehörden eher mit anderen Dingen. Doch der Krieg hat auch und speziell für die Schwulen viele negative Folgen. Eine davon: die Verrohung der Gesellschaft. Schwule sind in Syrien jetzt vogelfrei. Sie werden geächtet. Sie werden dort einfach von Hochhäusern geschmissen – und niemanden interessiert es. Am wenigsten Polizei und Justiz. Wer gar als Schwuler im IS-Gebiet leben muss, muss sich unsichtbar machen, um zu überleben: Das Terrorregime steinigt, erschießt und köpft Schwule auf öffentlichen Plätzen.

Der nächste Gedanke war: „Ich muss hier weg."

„Am Anfang bekam ich Drohungen über Facebook. Dann hatten sie die Nummer meines Smartphones und haben mir die Drohungen direkt geschickt. Irgendwann kamen die Leute auf der Straße auf mich zu, beleidigten mich und sprachen die Morddrohungen ganz offen aus. So selbstverständlich wie man jemanden grüßt."

Zu den Morddrohungen kamen Ansagen, er würde schon bald vergewaltigt werden. Grotesk, aber wahr: In vielen arabischen Regionen gilt der aktive Mann nicht als homosexuell. Bei einer Vergewaltigung muss er sich demnach auch nicht um seinen Ruf sorgen.

„Auch die Polizei hat mich mehrmals mitgenommen, von der Straße aufs Revier. Sie fragten mich immer wieder, warum ich solche Kleidung trage und wieso ich so aussehe." Immer wieder gab er die gleichen Antworten: „Es ist mein Leben. Ich tue, was immer ich tun möchte. Und ich kleide mich, wie es mir gefällt."

Von Kriegsmonat zu Kriegsmonat wurde die Situation aussichtsloser für ihn. Und trotz seiner inneren Stärke war dann irgendwann der Punkt erreicht.

„Ich konnte das nicht mehr aushalten."

Während er diese Worte ausspricht, verschwindet sein typischer, optimistisch-kämpferischer Gesichtsausdruck. Er wirkt jetzt keinesfalls zerbrechlich, wahrscheinlich kann man Dani auch gar nicht brechen. Doch seine Mimik verrät: Es geht um seine größte Niederlage.

„Unter diesen Umständen hast du als Schwuler in diesem Land keine Zukunft. Das muss man akzeptieren." Sein nächster Gedanke war dann: „Ich muss hier weg."

Weil seine Mutter, eine Journalistin, niemanden außer ihn hatte, sind sie gemeinsam geflohen.

„Unser Ziel war einfach nur Europa. Einfach in Sicherheit sein." Auf Nachfrage dann der Nachsatz: „Aber geträumt habe ich von Deutschland."

Auf der Flucht hatten Mutter und Sohn zwei heikle Situationen zu überstehen. In Lebensgefahr waren sie nie. Aber das kleine Schlauchboot, mit dem sie auf der Ägäis unterwegs waren, führte bei Danis Mutter zu einem emotionalen Ausnahmezustand:

„Als wir auf dem Schiffchen waren, das uns von der Türkei nach Griechenland bringen sollte, war die Stimmung wirklich beängstigend. Meine Mutter hatte Todesangst. Die ganze Zeit hat sie meine Hand gehalten. Stundenlang hat sie auf mich eingeredet. ‚Ich bleibe bei dir, bleib du bei mir, wir bleiben immer zusammen.' Sie konnte keinen klaren Gedanken fassen, und ich konnte sie kaum beruhigen. Es war schrecklich, denn ich liebe meine Mutter, und sie hat so gelitten."

Zwei Wochen später dann die nächste brenzlige Situation, dieses Mal für Dani. „In Ungarn wurden wir von der Polizei festgenommen. Sie wollten mich vergewaltigen, doch ich ließ es nicht zu."

Festnahmen von Flüchtlingen waren zur damaligen Zeit, im Sommer 2015, eine ungewöhnliche Angelegenheit. Die meisten Grenzen waren offen, in der Regel geleiteten die nationalen Polizei die Flüchtlingsgruppen durchs Land bis zur nächsten Grenze. Scharfe Gesetze, die Flüchtlinge abschrecken sollen, traten in Ungarn erst im Herbst 2015 in Kraft. Immerhin blieb die polizeiliche Willkür, die Dani und seine Mutter zu ertragen hatten, ohne schlimmere Folgen.

„Ich wohnte plötzlich mit Menschen in einem Raum, vor denen ich in Syrien geflüchtet war."

„Als wir es dann tatsächlich bis nach Deutschland geschafft hatten, fühlte ich: Ja, ich mag es hier. So habe ich es mir vorgestellt."

In Passau wurden sie registriert. Dann durften sie weiterreisen, wohin sie wollten.

„Ich liebe das Wasser. Und auf Bildern hatte ich gesehen, dass Hamburg viel Wasser hat. Also fuhren wir dorthin."

Sein Zuhause war vorher in Damaskus, dort ist er geboren und aufgewachsen. Damaskus und Hamburg haben etwa gleichviel Einwohner. Doch leben die Menschen in Damaskus dicht gedrängt, die Hansestadt breitet sich auf der zehnfachen Fläche aus. Und während Damaskus nur ein paar Kanäle durchzogen ist, hat Hamburg mit Alster und Elbe weit mehr Wasser zu bieten.

„Der Hafen ist mein Lieblingsort. Ich liebe die Atmosphäre

dort. Die Industrie, den Strand, die Weite."

Doch konnte er zunächst weder seine neue Heimat noch sein neues, freies Leben genießen.

„Ich wohnte plötzlich mit solchen Menschen in einem Raum, vor denen ich in Syrien geflüchtet war."

Bei Dani war es die Massenunterkunft, die ihn beinahe vollends verzweifeln ließ:

„In den ersten fünf Monate war ich in diesem schrecklichen Camp. Ich habe die ganze Zeit gedacht: Was habe ich mit meinem Leben gemacht! Warum bin ich hier? Genau solche Leute haben mich in Syrien bedroht. Und jetzt muss ich Bett an Bett mit ihnen zusammenwohnen."

Als Dani nach Deutschland kam, war das die Zeit des größten Flüchtlingstrubels. Städte und Gemeinden mussten froh sein, den Geflüchteten überhaupt eine Unterkunft bieten zu können. Und so kamen Dani und seine Mutter in ein großes Sammellager. Allerorts entstanden diese unmenschlichen Schlafstätten. Platz, Privatsphäre, Ruhe – Fehlanzeige. Für Schwule, vor allem ganz offensichtliche Schwule wie Dani, sind solche Umstände erst recht unerträglich. Es geht an die Substanz. Er wurde gemobbt, geschlagen, auch musste er sich dort wieder einmal gegen Vergewaltigungen zur Wehr setzen.

„Irgendwann gingen meine Mutter und ich in den Wald. Um zu weinen. Dabei hat uns ein Mann angesprochen. Er hat uns getröstet, er war wirklich sehr freundlich zu uns. Nach einer Woche hat er vorgeschlagen, dass wir bei ihm wohnen können."

Und noch eine andere Fügung brachte ihn von den düsteren Gedanken weg:

„Ich habe diese Gruppe gefunden: Schwule Deutsche habe uns Geflüchteten geholfen. Sie haben mich unterstützt. Vor allem haben sie mich emotional wieder aufgebaut."

„Ich fühle mich, als wäre ich geboren, um hier zu sein."

„Auch als die Lage in Syrien aussichtslos schien, habe ich gedacht: Irgendwie, irgendwo, irgendwann werde ich mich selbst finden."

Dieser Moment war dann tatsächlich, nach einem Jahr in Deutschland, gekommen.

„Es war plötzlich soweit: Irgendwie war ich nun mit ganzem Herzen hier angekommen. Und: Ich war auch bei mir selbst angekommen."

Ein warmes Gefühl machte sich in seinem Herzen breit. Es war viel stärker und doch ähnlich wie das erste Verliebtsein.

„Ich fühle mich seitdem, als wäre ich geboren, um hier zu sein."

Es ist, und das spürt man sofort, der wichtigste Satz in unserem Gespräch. Geboren, um hier zu sein! Welcher Satz kann besser ausdrücken, so richtig und ganz angekommen zu sein; bei sich, an einem Ort, in einer Gesellschaft.

„Inzwischen fühle ich mich wie ein Deutscher. Und ich glaube, ich denke inzwischen auch wie einer."

Er liebt nicht alles an Deutschland, hat keine rosarote Brille aufgesetzt. Dani registriert weiter aufmerksam, was in diesem Land, in dieser Gesellschaft nicht so gut läuft.

„Doch als Schwuler kann ich es mir nicht besser vorstellen. Als ich gespürt habe, wie frei man als Schwuler in Deutschland leben kann, war für mich klar: Hier gehöre ich hin. In der arabischen Gesellschaft kannst du als Schwuler nicht alles machen. Ich habe in Syrien die Grenzen ausgereizt, soweit es ging. Auch dort hatte ich ein schwules Leben. Doch hier werde ich nun immer akzeptiert, wie ich bin. Jeden Tag aufs Neue ist das für mich ein unglaubliches Erlebnis. Niemand sieht mich hier böse an. Im Gegenteil: Wildfremde Leute sprechen mich auf der Straße an und sagen mir, wie hübsch sie mich finden."

Seine Augen funkeln jetzt wie Diamanten.

Zeit, um anzukommen. Die braucht jeder Flüchtling. In meiner ehrenamtlichen Arbeit mit jugendlichen Flüchtlingen habe ich noch niemanden erlebt, der in der Lage war, vom ersten Tag an sein neues Leben in die Hand zu nehmen. Die ganz Schnellen brauchen drei Monate, bei vielen platzt der Knoten nach einem halben, häufig erst nach einem ganzen Jahr. Wenige Spätstarter, vor allem die von Krieg und Flucht gezeichneten, bekommen erst nach eineinhalb Jahren die Kurve. Und viele werden wohl nie ankommen.

Bei jedem Geflüchteten schreien die Fluchtgründe und die Geschehnisse auf dem Weg nach Europa danach, verarbeitet zu werden. Dann ist da ein fremdes Land, eine fremde Kultur, eine fremde Sprache, keine Freunde, der Wohnraum, den man sich mit fremden Menschen teilen muss, die menschenunwürdigen Umstände in einer Massenunterkunft, der ungeklärte Asylstatus, viel zu wenig Auskunft seitens der Behörden. Monate vergehen, nichts passiert. Selbst die, die unbedingt wollen, können nicht.

„Für mich war nach einem Jahr in Deutschland der Punkt gekommen, wo ich mir sagen konnte: Ja, hier bin ich, ich werde jetzt mein Leben organisieren, ich nehme es selbst in die Hand. Ich will mein neues Leben jetzt beginnen."

Es ging um nichts Geringeres, als sich ein neues Leben aufzubauen.

„Ich habe bei Null angefangen: Mit der Sprache, mit meinen beruflichen Zielen. Es war wirklich hart, ich hatte und habe viele Schwierigkeiten hier in Deutschland. Es war ja alles neu für mich. Aber ich habe immer daran geglaubt, es zu schaffen. Die volle Gewissheit bekam ich nach der Zeit im Camp."

„Hamburg ist meine Heimatstadt geworden."

Heimat. Über dieses Wort muss Dani besonders lange nachdenken.

„In meinem Herzen wird Syrien immer meine Heimat bleiben,

aber ich gehöre hier her. Sollte in meiner Heimat irgendwann wieder Frieden herrschen, fahre ich zu Besuch hin. Aber ich will, ich kann da nicht mehr leben."

Dann spricht er auch von Hamburg als seine Heimat, bricht ab, sagt:

„Ich liebe Deutschland – aber niemand kann seine Heimat vergessen." Zum Schluss eines langen Hin und Her über Heimatgefühle kann er es dann doch noch sortieren:

„Hamburg ist meine Heimatstadt geworden. Nach der Zeit im Camp hatte ich Zeit, die Stadt zu entdecken und sie lieb zu gewinnen. Ich liebe Hamburg. Es ist eine Stadt mit soviel Wasser, soviel Schönheit. Der Blick über den Hafen macht mich immer wieder glücklich. Ich kann mir nicht mehr vorstellen, in einer anderen Stadt zu leben. Doch Syrien werde ich niemals vergessen. Beide Orte haben einen festen Platz in meinem Herzen. Aber es sind zwei unterschiedliche Gefühle: Ich vermisse Hamburg, wenn ich in Berlin bin. Doch nach Hamburg kann ich zurück. Syrien habe ich für immer verloren. Es ist da ein großes Verlustgefühl in meinem Herzen. Ich glaube, Menschen, die ihre Heimat nicht verloren haben, können dieses Gefühl nicht nachvollziehen. Erst, wenn ein Mensch seine Heimat verloren hat, kann er ermessen, wie wichtig Heimat wirklich ist. Es unterscheidet sich sehr von allen anderen Dingen, die man verlieren kann: Menschen, Geld, Erinnerungen – diese Verluste fühlen sich anders an."

Inzwischen wohnt Dani in seiner eigenen Wohnung. Er wurde im Asylverfahren als Flüchtling anerkannt – auch das hat ihn einen großen Schritt vorangebracht. Er kann hier jetzt sein Leben planen, ohne die Angst haben zu müssen, zurückgeschickt zu werden.

„Dabei hat mein neues Leben in Deutschland gefühlt gerade erst begonnen. Ich habe nun Freunde, ich kann ein bisschen Deutsch und möchte bald eine Ausbildung beginnen." Mit „ein bisschen Deutsch" untertreibt er allerdings ganz erheblich.

Wer als erwachsener Flüchtling nach Deutschland kommt, erlernt unsere Sprache in Deutsch- und Integrationskursen. Man macht dann alle paar Monate ein Deutsch-Diplom, beginnend auf dem Niveau A1, dann A2, B1 und B2. Mit einem Zertifikat auf B1-Niveau lässt sich bereits ein Ausbildungsplatz ergattern. Dani kann in diesem Sommer B2 schaffen. Doch längst nicht nur die Deutschkenntnisse entscheiden darüber, ob es mit einer Ausbildung in Deutschland klappt. Behörden und Ämter sind auch im Sommer 2017 noch nicht so aufgestellt, um Geflüchteten mit Potential – und so einer ist Dani – passgenaue Hilfe anzubieten. Manche landen mit ihrem Ansprechpartner im Jobcenter einen Glückstreffer, die Mehrzahl dürfte eher das Gefühl bekommen, ausgebremst zu werden. So geht es auch Dani. Doch neben den offiziellen Stellen helfen weiterhin viele Ehrenamtliche, Geflüchtete in Ausbildung und Arbeit zu bringen.

Wer sich die Frage stellt, warum sich Flüchtlinge so schwertun, auf eigene Faust eine Arbeit oder eine Ausbildung zu finden, sollte sich die komplexen Strukturen anschauen: Wir Deutsche sind mit dem System aufgewachsen, die nächsten Schritten erscheinen uns logisch. Das sind sie für Geflüchtete nicht. Bewerbungen schreiben, Vorstellungsgespräche, aus über 400 Ausbildungsberufen den richtigen auswählen, das Ausbildungssystem verstehen, die Arbeit und Funktion von Jobcentern, Jugendberufsagenturen, speziellen Jobvermittlern für Geflüchtete und anderen Behörden erfassen, Anträge korrekt formulieren, überhaupt zu wissen, für was es Anträge braucht. Wer damit nicht über Eltern, Freunde oder Schule in Berührung gekommen ist, wie wir Einheimische, kann es eigentlich gar nicht verstehen. Ohne umfassende Hilfe liegt ein Scheitern in der Luft. Viel einfacher und häufig auch verlockender sind die Wege abseits einer Ausbildung. Warum nicht seine Arbeitskraft einem Gebrauchtwagenhändler zur Verfügung stellen, der aus der gleichen Stadt kommt? Beim Pflegedienst als ungelernte Hilfe schnell das

Doppelte dessen verdienen, was man sonst vom Jobcenter überwiesen bekäme?
Die Ausbildung in Deutschland gilt als eine der besten der Welt. Das allein sollte für einen Flüchtling Grund genug sein, eine Ausbildung anzustreben. Mit ihr werden Geflüchtete bestens auf unseren Arbeitsmarkt vorbereitet. Dabei ist die Ausgangslage so gut wie selten: Es gäbe genug freie Ausbildungsplätze – für Einheimische und Geflüchtete.

„Ich möchte keine weiteren Jahre verlieren."

Dani möchte Zahntechniker, Altenpfleger oder Make-up Artist werden. Die Entscheidung wo sein beruflicher Weg hingeht, steht nun an. Wenn er in Deutschland aufgewachsen wäre, wenn er nicht so schnell auf eigenen Füßen stehen wollen würde, wenn er das Gefühl hätte, noch alle Zeit der Welt zu haben, würde er wohl Kunst oder englische Literatur studieren; womöglich auch darauf spekulieren, irgendwie berühmt zu werden und damit dann Geld zu verdienen. Doch er möchte jetzt möglichst schnell unabhängig sein. Nicht mehr auf die Zahlungen des Jobcenters angewiesen sein, nicht mehr von Leuten beraten werden, die seine Möglichkeiten gering einschätzen, nur weil sein Deutsch noch nicht perfekt ist.

Als ich Dani das erste Mal traf, kamen nur ein paar Worte Deutsch aus seinem Mund. Ein halbes Jahr später – die schlimmen Erfahrungen von Zuhause, der Flucht und dem Camp hatte er nun gedanklich weit hinter sich gelassen – sprudeln die deutschen Sätze nur so aus ihm raus. Als erfahrener Flüchtlingsbetreuer bin ich sicher: Mit seinem Deutsch wird er schon schnell sehr weit kommen. Unbedarfte Jobcenter-Mitarbeiter erkennen im Erstgespräch fast nie solche Möglichkeiten.

Weil seine Zukunft greifbar geworden ist, kann Dani jetzt in größeren Schritten denken. Im Camp hat er sich von Tag zu Tag gekämpft, dann von Deutschkurs zu Deutschkurs. Nun, im Frühsommer 2017, steht das Thema Ausbildung an – eine Entscheidung für die nächsten Jahre. Für deutsche Verhältnisse ist er allerdings mit dieser Entscheidung spät dran, denn das Ausbildungsjahr startet in ein paar Monaten.

„Ich möchte keine weiteren Jahre verlieren."

Noch so eine paradoxe und doch nachvollziehbare Aussage. Die ersten 18 Monate in Deutschland fühlten sich für ihn häufig wie Stillstand an – obwohl sich sein Leben in genau dieser Zeit von den Füßen auf den Kopf gestellt hat. Er glaubt: Für seine Zukunft in Deutschland waren die Flucht, die Zeit im Camp und das bei sich Ankommen eine verlorene Zeit.

„Ich habe Jahre meines Lebens verloren" wiederholt er.

Es wird noch dauern, ehe er diese Zeit als eine Zeit des Übergangs begreift, in der er reifer, zielstrebiger und erwachsener geworden ist. Die wichtigste Entwicklungsphase seines Lebens? Auf jeden Fall ist ein Erfahrungsschatz entstanden. An dem er nicht, wie andere, die im Gegensatz zu ihm mit schweren Traumata zu kämpfen haben, zerbrechen wird. Sondern der ihn größer hat werden lassen.

„Ich habe ganz viele Träume in meinem Kopf. Ich sehe, dass es jetzt in Deutschland viele Chancen und Möglichkeiten für mich gibt. Viel mehr als in Syrien. Aber ich muss es nun Step by Step angehen. In nächster Zeit geht es um die Ausbildung. Ich denke gerade an wenig andere Sachen. Na gut, mein Deutsch muss sich verbessern. Aber das hängt ja miteinander zusammen."

Für die weitere Zukunft hat er aber trotzdem schon einen Wunsch parat:

„Ich möchte berühmt sein. Ich mag es, berühmt zu sein. Ich war, ich bin in Syrien sehr bekannt. Das möchte ich auch in Deutschland sein. Ich wäre am liebsten auf der ganzen Welt eine öffentliche Figur. Es ist für mich ein ganz wunderbares Gefühl, auf der Bühne zu stehen. Wie ich bekannt werden kann, welchen besonderen Weg ich dafür gehen will, das sind die nächsten Fragen, die ich mir stelle, wenn ich einen Ausbildungsplatz gefunden habe. Wenn ich eine Chance bekomme, werde ich sie zu nutzen wissen. Vor der Kamera fühle ich mich perfekt. Ich habe keine Angst, da ist keine Aufregung."

Dani ist ein Mensch, der sich selber kompliziert findet. Er ist es aber nicht. Ihm sind nur viele Talente in die Wiege gelegt worden. Dazu hat er als schwuler Flüchtling keinen geraden Lebensweg hinter sich. Doch er ist mit seinen 20 Jahren jung, wird die richtige Berufsentscheidung treffen und womöglich einen Weg auf die große Bühne finden.

„Ich werde immer und immer stärker."

Körperlich steht da ein zierlicher, schmaler Mensch vor einem. Doch sein Auftreten, seine Geschichten lassen ihn schnell ganz groß werden. Man spürt die unbändige Kraft, die in ihm steckt. Er sagt, und man nimmt es im sofort ab:

„Die Momente, in denen ich mich schwach und machtlos gefühlt habe, liegen langen hinter mir."

Dani ist selbstbewusst, voll auf Spur.

„In Damaskus war ich am Ende kein Mensch mehr. Ich wurde wie ein Tier behandelt. Hier bin ich wieder Mensch. Ich muss keine Angst mehr haben, umgebracht zu werden. Ich bin glücklicher als je zuvor. Ich werde immer und immer stärker. In Deutschland kann mich nichts und niemand mehr aufhalten."

„Mir ist die Freiheit woanders schon als Kind aufgefallen.“
Kouscha, 27, aus dem Iran

„Ich hatte gar nicht mitbekommen, dass wir uns in einer gefährlichen Situation befanden. Als ich von der Schule nach Hause kam, sagten meine Eltern: ‚Pack deine Sachen, wir müssen sofort fliegen.‘“

Kouscha war damals 13 Jahre alt, sicherlich auch als Kind schon ein helles Köpfchen, doch in diesem Moment hatte er nichts verstanden:

„Es begann gerade erst wieder die Schule, und wir waren noch nicht lange aus dem Ausland zurück. Mein Vater hatte für eine Firma gearbeitet, die auch in Holland vertreten ist. So sind wir in den Schulferien oft in den Niederlanden gewesen.“

Und gleich schon wieder nach Europa fliegen? Es wurde immer undurchsichtiger für ihn, denn:

„Wir flogen unter falschen Namen. Ich hatte damals zwar noch keinen Pass. Aber ich war sehr überrascht, als in dem meiner Mutter nicht nur ihr Name anders war – sondern auch meiner.“

Was Kouscha damals noch nicht mitbekommen hatte: Sein Vater war im Iran politisch aktiv. Als Regimekritiker versuchte er, die islamische Diktatur für demokratische Prozesse zu öffnen. Doch es wurde zu heiß für ihn. Schon lange zuvor hatte sich die Familie falsche Pässe zugelegt – für den Fall der Fälle, der nun eintrat.

„Erst in Deutschland hat er mir davon erzählt. Hier erfuhr ich auch, dass meine Mutter eine Regimegegnerin gewesen war. Sie hatte ihr politisches Engagement allerdings eingestellt, als ich geboren wurde. Vor meiner Geburt waren beide aufgrund ihrer politischen Aktivitäten auch schon einmal im Gefängnis."

„Damals habe ich mich einfach gefreut, dass es wieder auf Reisen ging. In meinem Unterbewusstsein schlummerte, dass ich schon als Kind nicht im Iran sein wollte. Aber das kapiert man mit 12 oder 13 Jahren noch nicht so. Wir waren schon immer viel in andere Länder gereist. Das hat mir sehr gefallen. Fast immer habe ich mich gefragt, warum wir nicht dort bleiben konnten."

Es fühlte sich für ihn überall schöner an als in seiner Heimat.

„Mir ist die Freiheit woanders schon als Kind aufgefallen. Wenn es dann zurück in den Iran ging, wusste man immer, dass es jetzt mit den Freiheiten wieder vorbei sein wird."

Nur wenige iranische Kinder erhalten die Chance, regelmäßig ins freie Ausland zu reisen. Für die meisten sind die Vergleiche, die Kouscha anstellen konnte, unmöglich. Er kapierte entsprechend früh, wie der Iran versucht hat, sich von der freien Welt abzugrenzen.

„Bei den ausländischen Filmen, die im iranischen Fernsehen gezeigt wurden, war das sehr auffällig. So wurden zwar deutsche Filme gesendet, jedoch zensiert, wenn sich Menschen küssen oder Sex haben. Da fallen manchmal so viele Szenen weg, dass die Geschichte des ganzen Films kaum mehr nachvollziehbar ist."

„Nach außen hin mussten wir stets so tun, als wären wir muslimisch."

„Ich habe schon immer ganz viele Fragen gestellt, warum Dinge in Europa so auffällig anders laufen. Allein die Geschlechtertrennung: Im Iran gehen Jungen und Mädchen in getrennte Schulen. Warum? Schon mit acht Jahren wollte ich von meinem Vater wissen, warum Frauen in ausländischen Filmen kein Kopftuch tragen müssen. Themen wie Freiheit und Menschenrechte interessieren mich, seit ich denken kann. Ich habe mich auch früh gefragt, warum sich der Iran eine Republik nennt. Man will die Menschen dort in die Irre führen, das ist Ironie. Der Iran ist natürlich keine Republik, denn freie Wahlen werden nur vorgetäuscht. Das Volk ist nicht die höchste Gewalt im Staat."

Als Oppositioneller in einem diktatorischen System, Freidenker und heimlicher Atheist hat ihm der Vater diese Fragen bereitwillig und ausführlich beantworteten können und wollen. So hat sich Kouscha vorzeitig auf ein Leben in einem demokratischen Rechtsstaat vorbereiten können.

Dieses Leben begann schon vor 14 Jahren. So lange wohnt Kouscha bereits in Deutschland. Als Einziger der in diesem Buch porträtierten, kam er weit vor der aktuellen Flüchtlingsbewegung ins Land.

„Nach außen hin mussten wir im Iran stets so tun, als wären wir muslimisch; sind jedoch nie religiös gewesen. Ich glaube an Gott, aber ich glaube an keine Religion. Doch in den offiziellen Dokumenten stand eben, dass wir Muslime sind. Das war auch eine Art Schutz, den wir schauspielerisch aufrechterhalten mussten. Auch ich. Vor dem Beginn des Schulunterrichts standen wir immer in einer Reihe und mussten Koransprüche aufsagen, nach Schulschluss mussten wir auf dem Schulhof beten. Ich mochte das alles nie und habe nur so getan, als würde ich beten. Wäre das aufgefallen, hätten mich die Lehrer geschlagen. Es ist aber nie aufgefallen."

Als Mann kommt Kouscha sehr ruhig und besonnen rüber. So war er schon als Kind, bestätigt er mir. Ein Kind des ganz stillen aber konsequenten Protests. So fiel er mit seiner Haltung nicht auf.

„Mit elf Jahren stieg meine Neugierde auf andere Jungs. Aber wenn ich Bilder aus meiner Kindheit sehe, war eigentlich schon sehr früh klar, dass ich schwul bin.

Mit zehn Jahren war ich zu Besuch bei meiner Oma, die Satellitenfernsehen hatte. Da habe ich mitbekommen, was Schwulsein bedeutet. Früher, vor der Islamischen Revolution 1979, war das für den Schah und seine Politik kein großes Thema. Zur Schahzeit hatten Schwule im Iran genauso wenig oder so viele Probleme wie Schwule im Europa der 1970er-Jahre. Das Problem war damals nicht die Politik, sondern die konservative, iranische Gesellschaft. Mein Opa war damals Anhänger vom Schah, und so hat er mir viel von der Zeit erzählt. Es gab in Teheran ein ähnlich freies Leben wie in Istanbul vor einigen Jahren."

„Das Iranische Regime und die Gesellschaft füttern sich gegenseitig mit Vorurteilen. Man kann gar nicht sagen, wer für die Hinrichtungen von Schwulen die größere Verantwortung trägt."

Unser Gespräch schweift ein bisschen ab. Wir spekulieren darüber, warum sich gerade die Jungs in islamisch geprägten Ländern sehr früh darüber im Klaren zu sein scheinen, schwul zu sein. Alle schwulen Flüchtlinge, mit denen ich während der Recherchen zu diesem Buch gesprochen habe, waren sich über ihr Schwulsein schon mit elf oder zwölf Jahren ziemlich sicher. Das war nicht nur bei den sieben Geflüchteten, die in diesem Buch zu Wort kommen, der Fall, sondern auch bei vielen weiteren schwulen Flüchtlingen. Kouscha glaubt, das könnte mit der Trennung der Geschlechter zusammenhängen: „Wenn man in der Schule getrennt unterrichtet wird und wenig mit Mädchen zu tun haben darf, macht man sich mehr Gedanken um sein Geschlecht und anschließend um seine sexuelle Orientierung."

Sex mit dem anderen Geschlecht ist als Jugendlicher in muslimisch geprägten Ländern nur schwer möglich. So experimentieren auch heterosexuellen Jungs öfter mit dem eigenen Geschlecht. Daraus ergeben sich für schwule Jugendliche früh Möglichkeiten, sich ihrer sexuellen Orientierung bewusst zu werden. Deutlich mehr

Möglichkeiten jedenfalls, als in den Ländern, in denen es für heterosexuelle Jungs üblich ist, zwischen 14 und 16 Jahren die erste Freundin mit nach Hause zu bringen.

Eine weitere Schwierigkeit ist, dass bei dem Begriff Homosexualität in vielen arabischen Ländern unterschiedliche Sichtweisen vorherrschen. Kouscha schätzt die Situation im Iran folgendermaßen ein: „Mit der Definition von Schwulsein gibt es im Iran große Probleme. Was ist schwul? Im Iran würden die meisten Leute sagen: Nur, wer sich als Mann schminkt und Frauenkleider anzieht, ist schwul. Wer sich also wie eine Frau benimmt, ist schwul. Die Mehrheit verwechselt Homosexualität mit Transsexualität oder wirft es irgendwie in einen Topf. Durch die sozialen Medien verändert sich das aber gerade. Mehr und mehr Iraner können sich dadurch besser informieren und tun das auch."

Der Iranische Staat versucht allerdings mit großem Aufwand, die Verwirrung in der Bevölkerung aufrecht zu halten.

„Seit ein paar Jahren gibt es im Iran ein neues Gesetz: Schwule Jugendliche können zum Psychologen gehen. Der erstellt ihnen dann eine Art Attest, dass sie transsexuell sind. Offiziell sind diese Menschen nun auf dem Papier transsexuell. Sie haben nun nicht mehr die Strafen zu befürchten, die Schwule zu erleiden haben. Auch und vor allem können sie sich als offiziell Transsexuelle vom Militärdienst befreien lassen. Eigentlich bekommt man erst einen Pass, wenn man beim Militär gedient hat. Doch diese Jugendlichen bekommen ihn schließlich, ohne den Militärdienst geleistet zu haben. Gleichzeitig sind sie durch dieses Prozedere gegenüber den Behörden quasi geoutet, als transsexuell, und das ist in den Unterlagen bestimmt mit Sternchen versehen. Sie haben keine Perspektive mehr im Iran. Aber einen Pass, mit dem sie verhältnismäßig leicht ausreisen können und ihr Glück außerhalb des Landes suchen können. So wird die Islamische Republik Iran ihre Schwulen los."

Dieser ganze Irrsinn begann damit, dass der spätere Staatsgründer

Ayatollah Chomeini schon 1963 chirurgische Eingriffe bei Transsexualität für vereinbar mit dem Islam erklärte. Wer im falschen Körper geboren sei, dürfe ihn verändern, proklamierte er. 1987 wurde dies Gesetz: Transsexualität galt fortan als heilbare Krankheit, Homosexualität dagegen weiterhin als schweres Verbrechen. Mit der Folge, dass der Iran inzwischen Vize-Weltmeister bei Geschlechtsumwandlungen geworden ist. Eigentlich ist das Land sogar mit weitem Abstand unrühmlicher Spitzenreiter; denn in Thailand werden zwar die meisten Operationen dieser Art vorgenommen – allerdings sind es zu über 80 Prozent ausländische, echte Transsexuellen, die sich dort kostengünstig unters Messer legen.

Man schätzt, dass sich inzwischen etwa 150.000 überwiegend männliche Iraner zu Transsexuellen erklärt haben. Die meisten dürften auch eine Operation hinter sich gebracht haben. Ungefähr die Hälfte davon sollten in Wirklichkeit schwul (und zum kleineren Teil lesbisch) sein. Diese Menschen entgehen dadurch einer Strafe, dürfen ihren dann andersgeschlechtlichen Partner heiraten oder werden vom Militärdienst befreit. Eine perverse aber höchst effiziente Methode, um die Zahl der Schwulen im Land zu reduzieren.

Die Operation muss bei Gericht beantragt werden, die Kosten übernimmt zur Hälfte die staatliche Krankenkasse. Menschen, die eine Geschlechtsumwandlung vornehmen, obwohl sie sich nicht im falschen Körper wähnen, dürften Zeit ihres Lebens nicht mehr glücklich werden. Das sagt einem schon der gesunde Menschenverstand. Und das zeigen auch immer wieder Berichte aus dem Iran. In einem dieser Artikel schätzt der bekannteste Chirurg für Geschlechtsumwandlungen in Teheran, dass sich ein Drittel seiner Patienten früher oder später umbringt.

„Sowohl das Iranische Regime als auch die Gesellschaft sind äußerst homophob. Sie füttern sich gegenseitig mit Vorurteilen, bestärken sich in ihrer ablehnenden Haltung. Man kann gar nicht sagen, wer für die Hinrichtungen von Schwulen in diesem Land die größere Verantwortung trägt."

Kouscha ist inzwischen heilfroh, dass er, bevor er begann, seine Sexualität auszuleben, das Land verlassen konnte. „Schon in der ersten Klasse gab es das Schulhofspiel, bei dem ich einen anderen Jungen geheiratet habe. Aber körperliche Kontakte zu anderen Jungen hatte ich im Iran noch nicht."

„Als ganz kleines Kind hatte ich schon ein Kleid, in dem ich gerne getanzt habe. Ich probierte auch gerne Lippenstift und High Heels von meiner Mutter aus."

„Als ich damals in Deutschland ankam, habe ich nicht gedacht: Wie gut ist es, nicht mehr im Iran zu sein, wo ich doch schwul bin. Ich war viel zu sehr mit mir selbst beschäftigt."

Er war in der klassischen Coming-out-Phase, wie sie auch deutsche Jugendliche erleben. Mit der Unsicherheit, ob seine Eltern akzeptieren würden, dass er schwul ist. Er hatte die Befürchtung, dass sie es nicht tun werden. Aus einem konkreten Grund:

„Ich wusste, dass mein Vater schon ein Problem damit hätte, wenn ich ihm erklären würde, dass ich schwul bin. Er äußerte sich in meiner Kindheit einmal: 'Wenn du ein Mädchen mit nach Hause bringst, ist es okay. Aber nicht, wenn du mit einem Jungen kommst.'"

Es gab frühe Anzeichen, dass Kouscha schwul sein könnte:

„Als ganz kleines Kind hatte ich schon ein Kleid, in dem ich gerne getanzt habe. Ich hatte auch eine Barbie und habe gerne Lippenstift und High Heels von meiner Mutter ausprobiert. Ich denke, meinen Eltern wurde früh deutlich, dass ich womöglich schwul bin. Jeder, der mich in meiner Kindheit gesehen hat, konnte etwas ahnen.

Ich steckte dann während meiner Jugend in Deutschland tief in einer Depression fest. Ich fühlte mich einsam. Es war ein fremdes Land, ich hatte keine Freunde. Wir sind zunächst nach Sachsen-Anhalt gekommen. Dort gab es keine ehrenamtlichen oder hauptamtlichen Betreuer, die uns geholfen haben, in diesem Land anzukommen. Es war damals, vor 14 Jahren, eine ganz andere Zeit, in der ganz anders mit Flüchtlingen umgegangen wurde. Heute bekommt man viel mehr Unterstützung. Das Wort ,Willkommenskultur' war damals noch nicht erfunden. Erst recht nicht in Sachsen-Anhalt. Das erste halbe Jahr durfte ich nicht zur Schule gehen – heute werden fast alle Flüchtlingskinder viel früher eingeschult. Ich erinnere mich daran, dass ich der einzige Ausländer in der Schulklasse war; eine ziemlich schwierige Sache damals. Einer meiner Mitschüler hatte sich ein Hakenkreuz auf den Rucksack gemalt, andere Jugendliche sich die Haare wegrasiert. Jeder wusste, dass das Neonazis waren. Das hat die Lehrer aber nicht interessiert. Als schwuler, jugendlicher Flüchtling war das sicher nicht optimal. Ich habe mich mit meinem Schwulsein versteckt. Als Ausländer war es schon schwer genug.

Als wir nach der Zeit in Sachsen-Anhalt in die Großstadt gezogen sind und ich wieder persische Leute gesehen habe, musste ich mich erstmal kontrollieren. Ich habe mich gefreut. Das waren Landsleute, mit denen ich Kontakt haben wollte. Aber ich musste mich vorsehen, denn ich bin schwul und ein Sohn von Regimekritikern. Ich durfte mich nicht öffnen, niemandem vertrauen. Das hat meine Depression zusätzlich noch verstärkt. Mit 16 Jahren war ich gerade voll in der Pubertät, es war einfach alles zu viel für meinen Kopf. Am Tiefpunkt der Depression hatte ich plötzlich ein Date. Ich sagte meiner Mutter, dass ich in die Innenstadt gehen würde. Doch ich war damals sehr in mich zurückgezogen – und meine Mutter schon immer schlau. Sie sagte zu mir: 'Okay, wenn du dich mit jemanden triffst, egal mit wem, komme mit dem Menschen nicht nach Hause.' Sie hat dabei an die Reaktion meines Vaters gedacht. Nach dem Treffen war ich ziemlich glücklich. Mitten in der Depression, aber dennoch total happy. Das fiel meiner Mutter natürlich auf. Sie hat über den schwulen Elton John geredet und ließ nicht locker. Ich habe am Ende gelacht und ihr muss schließlich alles klargeworden sein."

Seine Mutter ist dann losgegangen und hat sich über Homosexualität informiert. Sie hat es relativ schnell akzeptiert.

„Wir haben nie groß darüber gesprochen, aber es war letztendlich okay für sie. Als ich nach dem Abitur einen Psychologen aufgesucht habe, hat mein Vater mit dem Psychologen über mich gesprochen. Der Psychologe hat auch ihm geholfen, über Homosexualität aufgeklärt. Mein Vater hat sich dann auch noch woanders weiter informiert – und seine Vorbehalte ablegen können. Das hat bei ihm aber länger gedauert als bei meiner Mutter."

„Im Moment betrachte ich mich als Weltbürger."

„Damals konnte mein Papa nicht mit mir über Homosexualität reden. Er hat es eher indirekt formuliert und gesagt: ‚Wir lieben dich so, wie du bist. Weil du unser Sohn bist.' Mit der Zeit ist das Verhältnis zu meinen Eltern wieder ganz normal geworden. Vor allem, seit ich vor vier Jahren in meine eigene Wohnung gezogen bin, ist alles kein Problem mehr."

Mit der Selbstständigkeit und dem gereiften Selbstverständnis als schwuler Mann machte sich Kouscha verstärkt Gedanken darüber, wer er sonst noch ist:

„Das Gefühl, Flüchtling zu sein, hatte ich irgendwann nicht mehr. Aber ich stehe – mal mehr, mal weniger – zwischen zwei Ländern. Im Moment betrachte ich mich als Weltbürger, mit der Bezeichnung fühle ich mich am wohlsten. Es gibt Momente, da sage ich, Deutschland ist meine Heimat. Rein formell ist das schon lange so. Ich bin deutscher Staatsbürger. Sechs Jahre nach der Flucht, also vor acht Jahren, habe ich einen deutschen Pass bekommen. Mein persischer ist abgelaufen, ich müsste ihn verlängern lassen. Aber das ist mir nicht wichtig. Manchmal fühle ich mich aber stärker zu dem Land hingezogen, in dem ich aufgewachsen bin. In solchen Moment fällt es mir schwer, Deutschland als meine Heimat zu bezeichnen.

Acht Jahre nach unserer Flucht bin ich noch einmal in den Iran geflogen. Danach konnte ich mich viel besser auf Deutschland einlassen. Vorher haben mich viele Kindheitserinnerungen irgendwie davon abgehalten, so richtig in Deutschland Fuß zu fassen. Ich hatte viel vermisst, obwohl mir der Iran als Land nie sympathisch war. Als ich von der Reise zurückkam, wurde mir klar: Mein Leben ist hier! Ich habe mit eigenen Augen gesehen und begriffen, dass ich im Iran als Erwachsener nicht leben kann. Nach der Reise habe ich mich tatsächlich als Deutscher gefühlt. Nun sind wiederum ein paar Jahre vergangen, und ich habe festgestellt: Ich darf meine Herkunft nicht verleugnen. Ich bin Deutscher mit iranischer Abstammung. Und so fühle ich mich am wohlsten mit dem Begriff des Weltbürgers."

Zu der Problematik, dass viele Flüchtlinge mit homophober Einstellung nach Deutschland gekommen sind, hat er ein überraschend entspanntes Verhältnis.

„Ich bin nun schon einige Jahre in einer deutschen Großstadt unterwegs und habe natürlich auch Kontakte zu heterosexuellen Iranern. Es gab noch nie ein Problem. Ich denke, die meisten ahnen, dass ich schwul bin. Viele wissen es auch. Trotzdem hatte ich nie Schwierigkeiten. Die Iraner hier in Deutschland haben einen ganz anderen Umgang mit Schwulen als die Iraner im Iran."

„Die Geflüchteten merken hier, dass Schwule in Wirklichkeit ganz anders sind."

„Ich bin ein Mensch, der sehr viel über seine Umgebung nachdenkt und sie analysiert. Nun habe ich die Erkenntnis gewonnen: In der Vergangenheit habe ich viel zu viel darüber nachgedacht, wie ich auf die anderen wirken könnte. Das möchte ich nicht mehr, und das ist auch nicht gut. Jeder soll einfach so sein, wie er ist. Wenn man nicht so viel darüber nachdenkt, was der andere über einen denkt, läuft alles viel besser. Wenn Menschen mit unterschiedlichen Kulturen aufeinanderprallen, macht es keinen Sinn darüber nachzudenken, was der andere über einen denkt. Häufig spielt einem gerade dann die Wahrnehmung Streiche. Es kommen dann Gedanken auf wie: Dieser Türke ist bestimmt gegen einen, weil man schwul ist. Aber das stimmt häufig gar nicht! Doch geht man dann in diese Situation entsprechend rein. Das führt zwangsläufig zu Problemen im Kontakt und zu weiteren Problemen in der Wahrnehmung der Situation.

Wenn man als Flüchtling neu nach Deutschland gekommen ist, hat man feste Bilder in seinem Kopf. Zu Schwulen sind das einfach ganz andere Bilder, als die, die wir in den Köpfen der Geflüchteten haben wollen. Aber wenn diese Menschen dann in direkten Kontakt mit offen lebenden Schwulen hier in Deutschland kommen, verändert sich dieses Bild. Fast immer. Ich bin da Optimist. Einfach locker sein, locker bleiben; menschlich sein, so wie man ist. Dann relativieren sich in den Köpfen die Vorurteile und kulturellen Prägungen. Dann merken die Geflüchteten: ‚Schwule sind ganz anders. Sie sind nicht so, wie mir das Regime und die Gesellschaft uns zuhause weismachen wollten.'"

Interview mit Seyran Ateş, Imamin
Homosexualität und Islam

Seyran Ateş ist Rechtsanwältin, Autorin („Der Islam braucht eine sexuelle Revolution") und gläubige Muslima. Als Frauenrechtlerin kämpft sie gegen die Unterdrückung, die sie selbst als Jugendliche erfahren musste.
1984 hat sie nur knapp einen politischen Anschlag überlebt; ab 2006 musste Ateş ihre Anwaltskanzlei für einige Jahre schließen, weil sie immer wieder Morddrohungen erhalten hatte. Sie befasst sich in ihren Arbeiten überwiegend mit den patriarchalen Strukturen im Islam sowie mit dem Hass und der Gewalt, die daraus entstehen. Also genau das, worunter auch Schwule in islamischen Kulturen leiden. Ferner ist sie Mitglied im Förderkreis der Bundesstiftung Magnus Hirschfeld.
Seit 2009 hat sie an einer Idee gearbeitet, die im Sommer 2017 Realität geworden ist: Am 16. Juni wurde in den Räumen einer evangelischen Kirchengemeinde in Berlin eine freie progressive Moschee eröffnet. Das Interview haben wir ein paar Tage nach der Eröffnung geführt.

Frau Ateş, Herzlichen Glückwunsch zur Moschee-Eröffnung. Haben auch Homosexuelle mitgefeiert?

Selbstverständlich! Wir haben natürlich keine Stempel aufgesetzt, wer hetero, schwul oder lesbisch ist. Das wollen wir gerade nicht unterschieden wissen. Für uns ist das genau die Normalität, die wir in unserer Moschee leben wollen. Schwule und Lesben beten ganz selbstverständlich mit.

Gab es nach der Eröffnung mehr Kritik oder mehr Zuspruch?

Am Anfang gab es sehr viel Lob. Später war es dann aber so, dass mehr und mehr Kritik aufflammte, da die konservativen Muslime weltweit nun einmal in der Mehrzahl sind. Aber es gab rückblickend dann doch so viel Zuspruch, dass man sagen kann: Diese liberale Moschee wird durchaus von einer sehr breiten Bewegung getragen! Es sind Millionen, die einen liberalen Islam wollen und leben.

Ihre Moschee in Berlin ist nicht die erste liberale Moschee weltweit, wohl aber die erste dieser Art in Deutschland. In den USA sind die „Muslims for Progessive Values“ (kurz MPV) aktiv. Was gibt es Vergleichbares in Europa?

In Frankreich einen schwulen Imam, eine Moschee in London, die Mariam-Moschee in Kopenhagen, die ebenfalls gerade erst eröffnet hat, und dann noch die offene Moschee in Bern.

In der Moschee in den USA sind Schwule nicht nur willkommen, sie können dort auch heiraten. Werden das zwei Männer auch in Ihrer Moschee tun können?

Selbstverständlich. Die MPV praktiziert das schon seit mehr als zehn Jahren, die Imame in der Londoner Moschee machen das seit einiger Zeit so und auch wir wollen das ebenso halten. In Anlehnung an die Tradition dieser weltweiten Bewegung unterscheiden wir bei Paaren nicht nach sexueller Orientierung.

2016 haben sie in der Wochenzeitung „Die Zeit“ geschrieben, dass die meisten aktiven Imame in Deutschland ein gestörtes Verhältnis zu demokratischen Standards wie dem Respekt vor Homosexualität haben. Wie wird mit dem Thema in den Moscheen umgegangen?

Viele Imame in anderen Moscheen verkünden: Homosexualität ist pervers. Eine Krankheit, die geheilt werden muss. Es gibt genug offizielle Erklärungen seitens konservativer, muslimischer Verbände dazu. Am besten käme man der Homosexualität bei, wenn man ihr einen Deckel aufsetzt und schwule Männer schnell mit Frauen verheiratet. So bekommen sie einen heterosexuellen Stempel. Das ist die Denkweise in den meisten Moscheen.

Derzeit ist der türkische Präsident Recep Tayyip Erdoğan in aller Munde. Einer der Kritikpunkte: Er beeinflusst die muslimische Glaubensauslebung in Deutschland. Viele Moscheen und Imame werden von der Türkei aus gesteuert. Konservative Haltungen werden so während der Gebete in den Moscheen zementiert. Was kann man dagegen tun?

Der Befund stimmt. Und es ist noch schlimmer: Es geht von Jahr zu Jahr konservativer in den meisten Moscheen Deutschlands zu. Die ganze Welt macht gerade einen Rechtsruck, hin zu mehr Konservatismus. Ein Konservatismus, der mit Nationalismus verbunden ist. Bezeichnend ist in dem Zusammenhang, dass gerade wieder der CSD-Umzug in Istanbul verboten worden ist. In Deutschland sollte man auf jeden Fall die Moscheen viel stärker durch den Verfassungsschutz überwachen lassen. Nicht nur aus dem Buch von Herrn Schreiber (Constantin Schreiber, „Inside Islam – Was in Deutschlands Moscheen gepredigt wird“) geht hervor, dass in Moscheen viel Demokratiefeindliches verbreitet wird. Darum muss sich der Verfassungsschutz in viel größerem Ausmaße kümmern.

Zu dieser Demokratiefeindlichkeit in den Moscheen gehört auch immer noch die nicht existierende Gleichstellung der Geschlechter. Frauen und Männer sind nicht gleichberechtigt, genau so wird es überall gepredigt. Und eben auch, dass Homosexualität eine Krankheit ist. Man darf sich also überhaupt nicht wundern:

Wenn solche Behauptungen ein Land auf seinem Staatsgebiet zulässt, entsteht natürlich eine böse Stimmung!

Man muss Homosexualität nicht gut finden. Dazu zwingt einen keiner. Jeder Mensch ist frei zu sagen, dass er diese Lebensform nicht richtig findet. Aber jeder Mensch in einer Demokratie muss akzeptieren, dass es Menschen gibt, die anders leben. Das ist die Demokratiefähigkeit, die fehlt. Daran krankt es in den meisten Moscheen in Deutschland!

Das spiegelt sich auch in der Kritik an unserer Moschee wider. Wir werden von unseren Kritikern in erster Linie als eine Moschee der Perversen wahrgenommen – eine Moschee für Homosexuelle und entsprechend ‚Kranke'. Dieses Thema stellen die Kritiker bei uns in den Vordergrund. Die Aussage, dass Männer und Frauen gleichberechtigt sind, ist uns beispielsweise aber genauso wichtig. Wir sind keine Lesben- und Schwulenmoschee. Unser Haus ist eine offene Moschee, die einfach für alle Menschen da ist.

Im Prinzip ist es so: Sie kritisieren unseren offenen Grundgedanken, sehen diesen als pervers an. Das ist das Bedrückendste für mich: Die meisten Moslems akzeptieren offenbar nur eine Art von Moschee, nur eine Art von Mensch. Hier sind die Menschen ziemlich beschränkt, in ihrer Toleranz nicht ausgeprägt.

> Die Bertelsmann-Stiftung hat 2012 Muslime in Deutschland befragt, ob es Schwulen erlaubt sein sollte zu heiraten: Dafür waren 67 Prozent der wenig religiösen, 60 Prozent der mittelreligiösen und 40 Prozent der hochreligiösen Muslime. Es besteht also ein eindeutiger Zusammenhang zwischen der Akzeptanz von Homosexualität und der Ausprägung des Glaubens. Zum Vergleich: 83 Prozent der Deutschen befürworten die im Sommer 2017 beschlossene Ehe für alle, so eine aktuelle Umfrage der Antidiskriminierungsstelle des Bundes.

Der Islam war Tausend Jahre lang vergleichsweise tolerant bei dem Thema. Dann kamen die Kolonialisten und haben gleichgeschlechtliche Lebensweisen verdammt. Zugespritzt: Ist nicht islamische Tradition, sondern britisches Kolonialrecht dafür verantwortlich?

Auf jeden Fall beides. Man sollte nie das eine in den Vordergrund stellen. Es ist tatsächlich in der Geschichte sichtbar, dass durch die britische Kolonialisierung auch eine Prüderie in die islamische Welt getragen wurde. Die Engländer waren einfach stocksteif. Durch diese Art haben sie das Rückgrat der Menschen im Orient gebrochen. Gerade in Pakistan und Afghanistan gab es eine extreme Entwicklung hin zur Orthodoxie (Orthodoxie bezeichnet die Grundbedeutung der absoluten Richtigkeit einer Lehrmeinung, eine in der Regel rückwärtsgewandte Meinung wird zur Norm erhoben).

Doch wie gesagt, man darf nicht alles auf die Kolonialisten schieben. Es gab schon zuvor in der islamischen Welt selbst, angefangen mit dem zweiten Kalifen, diese Patriarchen, die empfohlen haben, Frauen und gleichgeschlechtliche Lebensweisen zu unterdrücken. Das Zusammenspiel, also wofür diese Patriarchen und Engländer standen, hat die Sache entschieden. Konservative im Islam und die Engländer haben gewissermaßen ein gemeinsames Spiel getrieben. So konnten sie die liberalen Kräfte erfolgreich verdrängen.

Tausend Jahre lang war der konservative Einfluss innerhalb des Islams dazu nicht stark genug. Bis die Engländer kamen ...

In der Blüte des Islam, also in den Jahrhunderten zuvor, gab es eine sehr wissensdurstige, wissbegierige Gesellschaft. Die Religion hat das zu der Zeit befördert und beflügelt. Auf vielen wissenschaftlichen Gebieten war die islamische Welt der christlichen voraus. Die Orthodoxen im Islam haben aber auch schon damals gegen die Menschen gekämpft, die sich mit dem Weltlichen, dem Wissen und vor allem der Philosophie beschäftigt haben.

Auch heute befeuern die ehemaligen Kolonialisten, der Westen, dieses Zusammenspiel. Wenn Donald Trump mit Saudi-Arabien riesige Waffengeschäfte machen, ist das genau der Ausdruck dessen, was ich gerade beschrieben habe. Im Hier und Jetzt stärkt der Westen die konservativen Kräfte in der islamischen Welt bestmöglich.

Braucht die islamische Welt eine Aufklärung und eine Reformation – oder kann sie sich auf weniger umwälzende Weise wandeln?

Es ist eine Renaissance, die wir derzeit versuchen anzuschieben, die der Islam dringend braucht. Er benötigt eine Wiederbelebung seiner erfolgreichen Epoche. Es ist jedoch nicht so, dass wir eine Reform bräuchten. Dem Islam ist eine Unterdrückung all der liberalen und progressiven Kräfte widerfahren. Unser Glauben kennt durchaus Logik und Verstand, hat großartige Menschen als Vorbilder für eine Renaissance hervorgebracht. Das bedeutet, dass man keine Reform braucht, sondern eine Renaissance, in dem man sich an die Zeit zurückerinnert. Erneuerung bedeutet dann, sich an die Lebensverhältnisse der Menschen im Jahr 2017 anzupassen.

Viele Tonangeber im Islam sagen: Die Sodom-Erzählung und Sure 26 sollen gegen gleichgeschlechtlichen Sex gerichtet sein. In neuen Koran-Übersetzungen steht bei Sodom sogar in Klammern: „Die Stadt der Homosexuellen".

Im Arabischen wird die Bezeichnung Loti umgangssprachlich und abwertend für „schwul" genutzt. Es ist eine Ableitung vom Volk Lots, den Bewohnern Sodoms. Wenn das so tief in Schriften und der Sprache verwurzelt ist – wie will man diese Konnotation jemals loswerden?

Indem man wissenschaftlich fundiert dagegen arbeitet. Die Türken haben zum Beispiel Koran-Ausgaben herausgegeben, indem das Wort „Kopftuch" steht. In der arabischen Urschrift ist das jedoch nicht der Fall! Da gibt es keine Beschreibung, dass die Frau ihr Haar bedecken soll. Die Türken haben Kopfschmuck einfach als Kopftuch übersetzt. Und genauso verhält es sich mit der Homosexualität: Da haben sich Orthodoxe einfach eine entsprechende Übersetzung ausgedacht. Jetzt gilt es, wissenschaftlich und gesellschaftspolitisch dagegen anzuarbeiten.

Im Koran heißt es, dass Allah die Menschen in unterschiedlichen Stämmen geschaffen hat. Das bezieht man zunächst auf die Hautfarben – aber man könnte es auch auf Vielfalt ganz allgemein beziehen, also auch auf sexuelle Identitäten abseits der gängigsten Identitäten. Werden Sie das in den Gebeten in Ihrer Moschee so auch interpretieren?

Ja, das kann man genauso interpretieren, wie Sie es sagen. Es geht dabei grundlegend um Vielfalt. Man kann damit auch erklären, warum Homosexualität keine Sünde ist.

Was möchten Sie schwulen Flüchtlingen, die Probleme haben, ihre sexuelle Identität mit dem Islam zu vereinbaren, mit auf den Weg geben? In meinem Buch wird auch ein junger Geflüchteter vorgestellt, der damit größte Probleme hat.

Ich möchte den Jungen und alle anderen einladen, zu uns zu kommen! In unserer Moschee können sie mit vielen anderen ihre Religion friedlich leben. Wir erklären, wie sie den Zugang zu Gott nicht verlieren, wie das mit ihrer sexuellen Identität möglich bleibt. Sie sollen mutig bleiben, sich nicht von anderen unterdrücken lassen – und sich vor allem nicht das Recht nehmen lassen, Muslime zu sein und an Gott zu glauben.

Einer meiner jugendlichen, heterosexuellen Flüchtlinge erzählt in diesem Buch, er habe den Eindruck, dass die neue Generation von jungen Flüchtlingen, zumindest die aus Afghanistan und dem Iran,

Homosexualität weniger ablehnt als die Türken, die hier in zweiter und dritter Generation leben. Teilen Sie diesen Eindruck?

Ich habe das selber noch nicht eins zu eins so erlebt, aber ich kann mir durchaus vorstellen, dass an der These etwas dran ist. Die Jugendlichen aus diesen Ländern sind durch eine männlich dominierte Gesellschaft geprägt. In Afghanistan und im Iran hingegen gibt es daneben diese traditionelle körperliche Nähe zwischen Männern; Umarmungen und sich an die Hand nehmen. Auch kommt es dort viel häufiger zu Sex zwischen männlichen Jugendlichen. Die zweite und dritte Generation der ehemaligen türkischen Gastarbeiter hier in Deutschland hat sich dagegen sehr konservativ entwickelt. Das wissen wir aus vielen Untersuchungen. Das, was der Jugendliche beschreibt, kann ich gut nachvollziehen.

Die Türkische Gemeinde in Hamburg hat den CSD 2016 mit einem Aufruf und verschiedenen Aktivitäten unterstützt. Braucht es mehr solcher mutigen und ja durchaus auch provokanten Initiativen?

Definitiv. Die türkische Gemeinde hier in Berlin ist komplett gegen uns und unsere Moschee. Da haben sie in Hamburg großes Glück. Ich würde mir wünsche, wenn das Schule machen würde.

Letztes Thema: Wer als Geflüchteter seine schwulenfeindliche Meinung öffentlich kundtut oder gar Schwule angreift, muss abgeschoben werden. Er ist ein Verbrecher. Ganz egal, auf welchen Glauben er sich bezieht. Das ist meine Meinung – denn solche Menschen dürfen wir nicht in unsere Gesellschaft akzeptieren. Was ist Ihre Meinung?

Ich bin derselben Meinung. Aber da sind wir natürlich auch bei der Frage, was mit denen ist, die schon als Flüchtlinge anerkannt worden sind und sich derart verhalten. Die kann man nicht mehr so einfach loswerden. Wenn wir aber als Land die Chance haben, auf schwulenfeindliche Äußerungen und Taten zu reagieren, dann müssen wir das tun. Wir haben hier schon genug Menschen, die mit unseren Werten nicht konformgehen – warum sollten wir noch weitere Menschen dulden, die ebenfalls nicht zu unseren Werten stehen? Sie machen uns unsere Gesellschaft kaputt. Das dürfen wir nicht zulassen. Deshalb wäre ich auf jeden Fall dafür, dass es ein Ablehnungsgrund sein muss, wenn sich jemand in der Öffentlichkeit schwulenfeindlich äußert.

Zehn Minuten nach dem Interview lese ich auf Spiegel Online die oberste Schlagzeile: „Moschee-Gründerin Seyran Ateş unter verstärktem Polizeischutz". Das Landeskriminalamt überwacht sie gerade rund um die Uhr, da etwa 100 Morddrohungen gegen Ateş eingegangen sind. Davon hat sie mir im Gespräch nichts erzählt – wohl aber habe ich ihre Anspannung wahrgenommen.
Das Bedrohungsszenario hat auch Auswirkungen auf die Besucherzahlen der Moschee. Gäste der Eröffnung wurden hinterher verstärkt unter Druck gesetzt. „Die Leute haben pure nackte Scheißangst", so Ateş in einem Artikel in der Neuen Zürcher Zeitung.

„Wenn meine Eltern mitbekommen hätten, dass ich auf Männer stehe, hätten sie mich sofort rausgeworfen. Oder schlimmer.“
Mahdi, 16, aus Afghanistan

Ein ganz schüchterner Junge in der Pubertät. Auch bei weniger heiklen Themen eher einsilbig unterwegs. Ich glaube, jeder andere Interviewpartner wäre geschwätziger. Doch die Aufgabe reizt mich: Den 16-jährigen Mahdi aus Afghanistan zu Wort kommen lassen. Seine sexuelle Identitätsfindung geht gerade erst los. Der anstehende Sommer 2017 könnte seine Zeit des Erwachens werden – wahrscheinlich ist es aber noch zu früh dafür. Mahdi sitzt nervös auf meinem Sofa, rutscht hin und her. Auch ich fühle mich unwohl in meiner Haut, gleich so persönliche Fragen stellen zu müssen. Doch er musste bereits weit intimere Fragen beantworten – bei seiner Anhörung. Dazu später mehr.

Schon mein erster Versuch der Einordnung scheitert. Ob er schwul oder bisexuell ist?

„Bisexuell“ kommt es kaum hörbar aus ihm heraus.

„Du findest also Männer und Frauen gleich attraktiv?“

Ein heftiges Nicken. Im Laufe des Gesprächs leuchten dann seine Augen stets auf, wenn es um junge Männer geht. Irgendwann kommt dann auch der Moment, in dem er erzählt, dass seine Gefühle zu Jungen viel größer sind. Es wird klar: Er wünscht es sich, bisexuell zu sein. Das würde es aus seiner Sicht etwas einfacher machen.

„Als ich zwölf Jahre alt war, habe ich gemerkt, dass da bei mir etwas anders war. Es war nur ein Gefühl. Da war ein Mann, er war sechs Jahre älter als ich, den fand ich toll. Ich habe aber niemanden in Afghanistan davon erzählt. Ich habe da auch nichts gemacht.“

Ob er überhaupt schon mal etwas mit einem Jungen ‚gemacht‘ hat? Ich werde mich in diesem Gespräch nicht trauen, ihm diese

Frage zu stellen. Er spricht irgendwann davon, hier in Deutschland einen Freund gehabt zu haben. Für einen Monat. Wie das war? Ein kurzes, sehr helles Geräusch kommt aus seinem Mund.

„Gut."

Gehört habe ich anderes: Es war wohl eher ein unerwiderter Flirt. Mitleid breitet sich in mir aus.

In Deutschland ist Mahdi noch nicht einmal ein Jahr, zur Schule geht er erst seit wenigen Monaten. Er versteht schon viel, auch meine komplexen Fragen. Die Antworten bleiben stets knapp. Er flüstert mir auf die Frage, aus welchen Gründen er Afghanistan verlassen hat, zu:

„Es waren mehrere Gründe. Aber der Hauptgrund sind meine Gefühle, die ich für Männer habe."

Wieder dieses Mitleid. Er ist mit gerade 15 Jahren allein aus Afghanistan weg. Für immer von seiner Familie getrennt. Und keiner ahnt, warum er losgezogen ist.

„Ich habe einen anderen Grund genannt, weshalb ich los bin. Eine Ausrede, sagt ihr hier dazu, glaube ich. ‚Ich will mehr lernen und auf eine bessere Schule gehen.' Das haben sie mir geglaubt."

Man bekommt den Eindruck, dass sein Weggang wohl auch gar nicht so richtig ins Gewicht fiel, womöglich auch gar nicht so sehr aufgefallen ist – er hat noch zehn Geschwister, es war immer viel los zu Hause. Klingt schrecklich, könnte aber so gelaufen sein.

Ein afghanisches Sprichwort besagt: Frauen sind für Kinder da, Männer fürs Vergnügen.

„Wenn meine Eltern mitbekommen hätten, dass ich auf Männer stehe, hätten sie mich ohnehin sofort rausgeworfen."

Auch Schlimmeres wäre offenbar denkbar gewesen. Sein Vater ist aufbrausend. Mehrmals im Gespräch deutet Mahdi an, dass der

Vater den Jungen vielleicht auch umgebracht hätte. Sicher war für ihn nur die Flucht.

In der afghanischen Gesellschaft werden Schwule geächtet. Es heißt, in der dortigen Kultur wird besonders heimtückisch mit Schwulen umgegangen. Dabei ist in Afghanistan Sex unter Männern sehr verbreitet. Frauen bleiben fast nur zu Hause, sie arbeiten nicht, treten öffentlich kaum in Erscheinung. Für ledige, junge Männer ist es fast unmöglich, mit Frauen in Kontakt zu treten. Da ist es viel einfacher, schnellen Sex mit Männern zu haben. Aber natürlich bleibt das stets im Verborgenen. Obwohl ein afghanische Sprichwort sogar besagt: ‚Frauen sind für Kinder da, Männer fürs Vergnügen.' Dieser Spruch lässt mehrere Deutungsmöglichkeiten zu – nicht wenige verstehen ihn auf sexueller Ebene.

Ganz öffentlich sind in Afghanistan andere kulturelle Eigenheiten: Afghanische Männer gehen Hand in Hand durch die Straßen, tauschen zärtliche Gesten aus. Keiner gerät dadurch in den Verdacht schwul zu sein. Ein besonders schizophrenes, krankes Verhältnis gegenüber Homosexualität legen die Taliban an den Tag. Sie richten in ihren Gebieten Schwule hin, halten sich in ihren Kampfeinheiten aber zugleich Kinder und Jugendliche für Sex; ausschließlich männliche Heranwachsende. Es gibt nicht wenige jugendliche Flüchtlinge, die gerade davor aus Afghanistan flüchten. Besonders attraktive Jungen werden unter den Kommandeuren als Sexsklaven gehandelt.

Immerhin dieses Schicksal ist Mahdi erspart worden. Er kam ohne schlimme Erfahrungen in Deutschland an. Doch noch kennt er schwules Leben in Deutschland nicht. Auf Facebook unterhält er sich mit ein paar schwulen Jugendlichen, mehr nicht. Mahdi war noch nie in einer schwulen Bar oder Diskothek. Ich zeige ihm Grindr und Gayromeo auf meinem Smartphone. Mit großen Augen fragt er:

„Sind die alle schwul?"

„Ja, und sie sind gerade 70, 98, 102, ... Meter von uns entfernt."

Mahdis Augen werden noch größer. Diese schwule Welt ist ihm ganz neu. Ich ahne, dass ich demnächst wieder schwule Diskotheken aufsuchen und dann Jimmy Somerville-Songtexte zu übersetzen habe.

Aber vielleicht gehe ich mit Mahdi erstmal zum CSD?

„Was ist das?“

Ich mache mir die Sache einfach, bleibe unpolitisch und erzähle von einem öffentlichen und stolzen Fest, das Schwule und Lesben mitten in der Stadt feiern.

„Echt? Nein. Zu so was kann man doch nicht hingehen.“

Ich mache ihm begreiflich, dass alle seine heterosexuellen Freunde, die schon länger in Deutschland sind, dort hingehen und mitfeiern. Ich rufe einen Freund an und reiche das Smartphone weiter.

„Ah, okay“, spricht Mahdi ungefähr zwanzigmal ins Gerät. Und nickt mir am Ende zu: „Ich komme mit.“

Geht doch ein bisschen schneller mit ihm voran, als ich anfangs dachte.

„Ich weiß aber, dass meine Gefühle verboten sind.“

„Im Moment bin ich nicht bereit für einen neuen Freund. Ich möchte jemanden finden, mit dem ich lange zusammenbleiben kann. Wie ich so jemanden finden soll, weiß ich allerdings nicht.“

Ich erzähle ihm davon, dass es in der Stadt schwule Jugendgruppen und auch Gruppen für schwule Flüchtlinge gibt. Beides möchte er irgendwann mal besuchen – doch noch traut er sich das nicht.

Auf Jungs stehen und Moslem sein – für Mahdi ein großes Problem, das er nicht in seinem Kopf gelöst bekommt.

„Es ist nicht erlaubt, ich denke viel darüber nach. Es raubt mir den Schlaf. Ich habe ein schlechtes Gewissen, wann immer ich daran denke, wie es mit einem Jungen wäre."

Ich erzähle ihm, dass es inzwischen viele islamische Gelehrte gibt, die den Koran nicht so auslegen.

„Ich weiß aber, dass meine Gefühle verboten sind."

So leicht will ich es ihm nicht machen, sein schlechtes Gewissen zu verfestigen. Ich erzähle ihm von den über 700 Tierarten, wo schwule und lesbische Paare vorkommen. Die Natur hat es so vorgesehen, versuche ich ihn zu überzeugen.

„Oh mein Gott! Das hätte ich nicht gedacht. Darüber muss ich mal nachdenken. Gott hat mich ja so gemacht, wie ich jetzt bin. Das weiß ich. Aber nach dem Islam ist es verboten. Ich verstehe das nicht – aber es ist so."

In fünf Jahren hätte Mahdi gerne einen Freund. Er kann sich allerdings nicht vorstellen, mit ihm zusammen zu wohnen.

„Das wäre mir peinlich. Ich würde mich vor den anderen Flüchtlingen schämen. Meine Freunde würden sich vielleicht mit Sprüchen zurückhalten. Aber ich weiß, sie würden schlecht über mich denken."

Seine beiden besten Freunde, heterosexuelle Afghanen, wissen um sein Schwulsein. Für beide ist es ganz normal, wie sie mir und auch Mahdi gegenüber mehrmals versichert haben. Auch die deutschen Jugendlichen in seiner Wohngruppe und die Betreuer haben kein Problem damit. Doch vor der Reaktion der drei Flüchtlinge, die auch in seiner Wohngruppe leben, hat er Angst. Er glaubt nicht, dass sie ihn jemals verstehen und akzeptieren würden, wenn sie es wüssten. Seine beiden besten Freunde versuchen ihn seit Monaten vom Gegenteil zu überzeugen – doch das kann er nicht glauben. Mahdi hat wenig Selbstbewusstsein. Er könnte es derzeit nicht aushalten, wenn andere Jugendliche über ihn herziehen würden. Dabei ist mein Eindruck: Manche dürften es schon jetzt tun. Mahdi hat eine sehr hohe Stimme, ist von zarter Statur. Seine Bewegungen wirken nicht nur leicht, sondern auch weich, zerbrechlich. Es würde mich sehr wundern, wenn noch kein Jugendlicher in seinem Umfeld auf gewisse Ideen ob seiner sexuellen Orientierung gekommen wäre.

„Die Angst, die ich in Afghanistan hatte, die habe ich auch hier. Du bist hier geboren, frei aufgewachsen. Du lebst einfach schwul. Auch wenn das hier ganz anders ist... Ich habe die gleiche Angst. Das verstehe ich selber nicht.“

Vor Gewalt oder Vergewaltigung fürchtet er sich nicht. Er fürchtet sich vor den Worten, den Beleidigungen seiner Landsleute in Deutschland. Ehre und Scham wiegen in seiner Kultur schwer. Worte, die ihn in diesem Zusammenhang in ein schlechtes Licht rücken, empfände er wie ein Messer in seiner Brust.

„Die Angst, die ich in Afghanistan hatte, die habe ich auch hier.“

Messer in seiner Brust – die hat er schon in seiner Anhörung gespürt. Damals 16 Jahre alt, wurde er ausführlich intim verhört. Gleich am Anfang hatte sich Mahdi getraut, seine Gefühle zu Männern als den Hauptgrund für seine Flucht zu benennen. Es kamen viele Nachfragen, die Anhörung dauert zweieinhalb Stunden. Er wurde allgemein zu Sexualpraktiken gefragt, über seine Phantasien, ob er Partner hätte, wie genau er Sex machen würde. Er musste alles ganz genau erzählen. Viele peinliche Fragen, es muss verstörend für ihn gewesen sein. Selbst für einen deutschen Jugendlichen, der sich selbst noch nicht alle Fragen zu seiner eigenen sexuellen Identität beantworten kann, wäre das eine ganz schlimme Situation. Für einen jungen Flüchtling in einem fremden Land und einer Scham besetzten, kulturellen Prägung beim Thema Sexualität muss es sehr grausam sein. Zumal es nicht einmal erlaubt ist. Der Anhörer hätte viele der Fragen nicht stellen dürfen.

Noch hat Mahdi keinen Bescheid erhalten. Doch ein negativer ist sehr viel wahrscheinlicher als ein positiver. Grundsätzlich sinkt die Quote der anerkannten Flüchtlinge aus Afghanistan. Ganz offensichtlich gibt es eine Vorgabe aus der Politik, weniger Flüchtlinge aus Afghanistan anzuerkennen. Die Sicherheitslage wird dort immer schlechter, Afghanistan gehört zu den vier gefährlichsten Ländern der Welt. Ginge es nach der Gefährdung für jeden einzelnen Flüchtling, müssten viel mehr Menschen in Deutschland bleiben dürfen. Doch es geht bei Afghanistan nicht um einzelne menschliche Schicksale, sondern um ein politisches Signal. Und nicht nur deshalb hat Mahdi schlechte Chancen auf Asyl. Vermutlich wird ihm die Behörde in einem negativen Bescheid mitteilen, dass es schon irgendwo in Afghanistan einen sicheren Ort für ihn als Schwulen geben wird. Er würde dann nach Kabul geflogen werden und höchstwahrscheinlich in einem Slum am Rande der Stadt enden. Doch vielleicht wird alles gut.

Mahdi fühlt sich nicht frei. Der Weg zur eigenen Akzeptanz ist noch lang. Wird er bei seinem ersten CSD so etwas wie Freiheit spüren? Ich glaube es nicht. Aber, was mir Hoffnung macht: Er ist ein toller Tänzer. Ich denke, er wird sich das erste Mal frei fühlen, wenn er tanzt. Die Augen geschlossen, alles vergessen, nur der Takt und die Melodie. Dann wird er lächeln, ganz ohne schlechte Gedanken, sage ich ihm.

„Vielleicht“ flüstert er mir ins Ohr.

Verfolgung wegen sexueller Orientierung ist ein Asylgrund. Was einfach klingt, ist allerdings in der Praxis schwer durchzusetzen, hoch komplex und voller Tretminen. Mit Markus Ulrich, dem Pressesprecher des LSVD (Lesben- und Schwulenverband Deutschland), habe ich darüber gesprochen.

Der Europäische Gerichtshof hat schon vor Jahren ein klares Urteil gesprochen: Danach ist Schwulen, die in ihrer Heimat verfolgt werden, Asyl zu gewähren. Trotzdem bekommen Schwule aus Ländern, in denen ihnen Gefängnis und Lynchjustiz droht, häufig kein Asyl. Warum ist das so?

Erstmal müssen die Geflüchteten überhaupt wissen, dass die Verfolgung aufgrund von sexueller Orientierung ein anerkannter Asylgrund ist. Dann müssen sie im Asylverfahren, speziell in der Anhörung, glaubhaft machen, dass sie schwul sind und Verfolgung erlebt haben. Oder ihnen zumindest Verfolgung droht. Das müssen sie jeweils glaubhaft machen – was erst einmal etwas anderes ist, als es beweisen zu müssen. Doch es bleibt schwierig.

Wie macht man das in der Anhörung?

Da gibt es Grenzen, die der Anhörer nicht überschreiten darf. Man darf den Flüchtling nicht zu sexuellen Praktiken befragen. Psychologische Gutachten und medizinische Tests sind nicht statthaft. Intime Fotos oder Videos dürfen ebenfalls nicht gezeigt und in das Verfahren einbezogen werden.

Also sind nur allgemeine Fragen zur Homosexualität zulässig?

Man darf schon über die Biographie und Partnerschaften befragt werden. Oder ob man sexuelle Kontakte hatte, aber eben nicht detailliert nach sexuellen Praktiken. Man darf über das Coming-out gefragt werden, wie man es gemerkt hat, ob man es jemandem gesagt hat, wie man sich dabei gefühlt hat, was man erlebt hat. Zudem kann gefragt werden, ob man Orte kennt, an denen sich Lesben oder Schwule im Herkunfts- oder Asylland treffen, ob man Interesse an Aktivismus hat oder berühmte Schwule und Lesben kennt. Aber kann der Flüchtling diese Fragen dann ganz oder teilweise nicht beantworten, darf das nicht automatisch seine Glaubwürdigkeit in Frage stellen. Gerade Schwule aus Ländern, in denen Homosexualität ein großes Tabu ist und ein Coming-out mit Lebensgefahr verbunden ist, verfügen häufig nicht über Kenntnisse, die für Schwule in westlichen Ländern vielleicht selbstverständlich sind.

Wie wird denn schlussendlich über die Glaubhaftigkeit entschieden?

Letztendlich bleibt ein subjektives Moment beim Anhörer bzw. Entscheider. Oftmals entscheidet nicht die Person, die den Flüchtling gefragt hat, sondern jemand Anders anhand des Protokolls. Ein Mensch befragt die Flüchtlinge, ein anderer entscheidet aufgrund des daraufhin angelegten Gesprächsprotokolls. Glaubt also der Entscheider nach Akteneinsicht, ob der Flüchtling schwul ist? Das ist die eine entscheidende Frage. Wobei man sagen muss: Welcher Mann aus einem muslimischen Land, in dem Schwulsein geächtet wird, bezeichnet sich als schwul, wenn er es nicht ist?

Neben der Glaubhaftmachung des Schwulseins muss eine Verfolgung vorliegen. Was heißt eigentlich Verfolgung?

Es muss sich um eine erlebte oder eine angedrohte Verfolgung handeln. Die Verfolgung muss erlebt worden sein oder aber sie droht dem Flüchtling, wenn herauskommt, dass er schwul bzw. lesbisch ist. Aber nicht alles gilt als Verfolgung. Es muss eine schwerwiegende Menschenrechtsverletzung wie etwa eine Kriminalisierung vorliegen, ein Anpöbeln auf der Straße genügt nicht. Ob Verhöre bei der Polizei ohne Verhaftung schon eine Verfolgung bedeuten, wäre als Grenzfall anzusehen. Die Frage ist immer: Wiegt die Verfolgung schwer genug?

Bei der Beschreibung der Verfolgung spielt sicherlich die Glaubwürdigkeit des Flüchtlings die entscheidende Rolle ...

Ja, und da ist es ein besonderes Problem, dass die in der Anhörung beschriebene Verfolgung abgeglichen wird. Und zwar mit den Berichten aus dem jeweiligen Land, wobei das Auswärtige Amt diese nicht öffentlichen Berichte anfertigt. Wir können nicht überprüfen, ob die Berichte die Situation für Schwule und Lesben in vielen Ländern schönt. Leider werden solche Länderberichte der Ämter dann aber als glaubwürdiger eingestuft als die Rapporte seriöser Menschenrechtsorganisationen.

Viele geflüchtete Schwule wissen ja gar nicht, dass ihre sexuelle Identität und die daraus resultierende Verfolgung ein Asylgrund sind. Daher erzählen sie auch in der Anhörung nichts davon ...

... und bekommen meistens einen negativen Bescheid, wenn ihre anderen Gründe nicht ausreichend genug sind. Doch wie bei jedem negativen Bescheid kann man dagegen Einspruch erheben. Das ist dann die zweite und meistens letzte Chance. Viele schwule Flüchtlinge sprechen aus Scham generell nicht über ihre sexuelle Orientierung. Auch nicht in der so wichtigen Anhörung. Die Verheimlichung der eigenen Homosexualität war im Heimatland eine Überlebensstrategie. Und nun soll ich gegenüber staatlichen Einrichtungen über meine sexuelle Orientierung reden? Zuhause war das das Schlimmste, was man tun konnte! Diese Menschen haben ihren Staat vornehmlich als Verfolgerstaat kennengelernt. Zudem wissen sie auch nicht, ob diese Information vielleicht weitergegeben wird.

> Ich habe es selbst erlebt, dass ein Jugendlicher in der Anhörung nicht erzählen wollte, dass er von einem Mann in seinem Heimatdorf sexuell belästigt worden ist. Bei ihm war es sogar so, dass wir ihm in der Anhörungsvorbereitung mehrmals deutlich gemacht haben, wie wichtig es ist, im Sinne eines erfolgreichen Asylverfahrens darüber in der Anhörung zu reden. Er hat dann aus Scham geschwiegen. Glücklicherweise taute er kurz nach der Anhörung etwas auf und machte der Dolmetscherin Andeutungen, was ihm wirklich passiert ist. Die Dolmetscherin hat sofort reagiert und den Anhörer aufgefordert, diese Details in das Verfahren aufzunehmen. Letztlich hat der Jugendliche dann deswegen einen Schutzstatus erhalten und kann nun in Ruhe seine Zukunft in Deutschland planen.

Welche weiteren Gründe machen es schwulen Flüchtlingen schwer, das Asylverfahren erfolgreich abzuschließen?

Häufig sind die Dolmetscher bei der Anhörung ein Problem. Wird ordentlich, wird richtig übersetzt? Wir hören oft Gegenteiliges. Wichtige Sachen werden nicht übersetzt, weil der Dolmetscher beispielsweise homophob ist, oder weil es ihm peinlich ist, so etwas zu übersetzen. Und dann gibt es natürlich auch homophobe Anhörer und Richter. Oder solche, die sich nicht in die Gefahrenlage hineinversetzen können. Dieser Eindruck drängt sich uns als LSVD bei der Durchsicht einiger Bescheide und Urteile auf. Häufig kommt es erst zu einer positiven Entscheidung, wenn die Öffentlichkeit eingeschaltet wird. Wenn Abschiebung und dann Verfolgung drohen, ist das natürlich ein Thema für die Medien. Und dann kommen endlich die Berichte seriöser Menschenrechtsorganisationen ins Spiel bzw. der Flüchtling wird über die rechtliche Situation ausreichend beraten.

Abseits der schwulen Thematik – welche Gründe können zu einem negativen Bescheid führen, obwohl derjenige ein Recht auf Asyl oder auf den Flüchtlingsstatus hätte?

In vielen Verfahren gibt es keine kohärente Entscheidungspraxis. Ein Asylverfahren ist immer individuell. Es existieren häufig Traumata, die einer umfassenden Erzählung im Weg stehen. Da ist dann das schnelle Verfahren hinderlich. Oder der Flüchtling geht komplett unvorbereitet in die Anhörung. Ad hoc fällt es dann natürlich schwer, sexuelle Orientierung und Verfolgung glaubhaft zu machen. In solchen Fällen werden dem Bundesamt irrelevante Teile der Fluchtgründe dargelegt, wichtige Teile bleiben unerwähnt oder kommen nur am Rande vor.

Kann man in etwa sagen, wie viel Prozent der Asylbewerber, die als Asylgrund Homosexualität angeben, auch anerkannt werden?

Nein. Das Bundesamt für Migration und Flüchtlinge führt dazu keine Statistiken. Wir erfahren nicht einmal, wieviele Geflüchtete als Fluchtgrund ihre sexuelle Identität angeben haben. Die Verfolgungsgründe werden in Deutschland grundsätzlich nicht erhoben. Nur Herkunftsland, Geschlecht und Religion der Geflüchteten werden statistisch erfasst.

Wie wird in den Verfahren, die dem LSVD bekannt sind, entschieden?

Wir bekommen natürlich häufiger von Verfahren mit, in denen es zu einer Ablehnung kommt. Dann werden wir um Hilfe gebeten. Also erleben wir eher ein negatives Bild von der Entscheidungspraxis. Es gibt natürlich auch Fälle, in denen das gut gelaufen ist. Es gibt homosexuelle Geflüchtete, die hier anerkannt wurden.

Es wird immer wieder darüber diskutiert, die Maghreb-Staaten (Marokko, Algerien und Tunesien) als sichere Herkunftsstaaten zu definieren. Was würde das für schwule Asylbewerber aus diesen Ländern bedeuten, wenn dem stattgegeben würde?

Wir beim LSVD sind absolut dagegen! Wird ein Land zum sicheren Herkunftsland erhoben, erklärt man damit auch, dass es in diesem Land keine systematische Verfolgung gibt. Schwule sind dann faktisch von einer fairen Prüfung ihrer Asylgründe ausgeschlossen. So haben wir das bereits mit den schwulen Geflüchteten vom Westbalkan erlebt. Noch schnellere Verfahren führen dann dazu, dass sich Leute nicht ausreichend vorbereiten können und dass noch weniger Leute mitbekommen, dass sie als Schwuler einen Asylgrund haben, wenn ihnen in der Heimat Verfolgung droht.

Auch soll dann die Unterbringung anders geregelt werden. Wir und alle anderen Initiativen kämen mit unseren Beratungsangeboten kaum mehr an diese Leute heran. Sie würden dann gleich in gesonderte Unterkünfte gebracht werden. Vorfälle gegenüber schwulen Geflüchteten dürften sich in diesen abgeschotteten Sammellagern massiv erhöhen. Für uns und andere Organisationen wäre es dann auch nur noch schwer möglich, die

Leute bei Gefahr rauszuholen. Nur das würde sie aber vor Mobbing, Schlägen und Vergewaltigungen schützen. Im Moment können Geflüchtete innerhalb des Landes oder der Kommune verlegt werden. Das würde ihnen als Flüchtling aus einem 'sicheren' Herkunftsland versagt bleiben.
Zwei Länder, in denen Schwule strafrechtlich verfolgt werden, wurden zu sicheren Herkunftsländern erklärt: Ghana und der Senegal.

Ein Skandal. Wir erwarten auf der einen Seite, dass sich die Bundesregierung weltweit für die Entkriminalisierung von Homosexualität einsetzt. Die Bundesregierung macht das auch und stuft Geschehnisse in vielen Ländern als schwere Menschenrechtsverletzungen ein. Auf der anderen Seite macht sich die Bundesregierung komplett unglaubwürdig, wenn sie dann Länder wie Ghana oder Senegal als sicher einstuft. Es geht den Politikern dann nicht um die prekäre Lage vor Ort – sondern einzig und allein darum, Flüchtlinge pauschal zurückzuschicken und alle Bewohner solcher Länder davon abzubringen, eine erfolglose Flucht zu planen.

> Drei Jahre Haft für Homosexualität – in Ghana keine Seltenheit. Kommt dort raus, dass jemand schwul ist, wird er häufig von der Bevölkerung gelyncht. Religiöse Bürgerwehren machen Jagd auf Schwule. In diesem Klima der Angst sehen viele Schwule nach NGO-Angaben nur einen Ausweg: den Selbstmord. Im Senegal sieht der Gesetzgeber fünf Jahre Haft für Schwule vor. Entsprechende Gefängnisstrafen werden häufig verhängt. Laut einer Umfrage verabscheuen 96 Prozent der Bevölkerung Schwule. Statistisch also 100 Prozent aller Heteros und sogar ein Teil der homosexuellen Bevölkerung selbst.

Der Europäische Gerichtshof schreibt: Bei der Prüfung eines Antrags auf Zuerkennung der Flüchtlingseigenschaft können die zuständigen Behörden von dem Asylbewerber nicht erwarten, dass er seine Homosexualität in seinem Herkunftsland geheim hält oder Zurückhaltung beim Ausleben seiner sexuellen Ausrichtung übt, um die Gefahr einer Verfolgung zu vermeiden.
Trotzdem wird in Asylbescheid gerade das immer wieder empfohlen und damit begründet, warum es zu einem negativen Entscheid gekommen ist. Wie kann das sein?

Gute Frage. Wenn wir Urteile bekommen, warum schwule Flüchtlinge kein Asyl zugestanden wird, läuft das auf vier Argumentationen hinaus. Erstens wird die Lage im Herkunftsland verharmlost, man spricht dann von 'Zumutbarkeit', obwohl belastbare Berichte über schwere Menschenrechtsverletzungen und Verfolgung von Schwulen und Lesben vorliegen. Zweites heißt es, es gibt zwar ein Gesetz, aber das würde nicht mehr angewandt werden. Es braucht dann meistens nicht viel Recherchen, um das Gegenteil belegen zu können. Drittens wird argumentiert, es gebe eine innerstaatliche Schutzalternative. Das haben wir gerade bei Tschetschenien. Das heißt, die Flüchtlinge sollen innerhalb des Landes woanders hinziehen. Ganz oft gibt es dann viertens den Rat, ungeoutet zu leben. So eine Sicht widerspricht eindeutig der Rechtsprechung des Europäischen Gerichtshofs. Ihr Zitat in der Fragestellung stammt aus einem Urteil, das bereits 2013 gesprochen wurde. Viele Mitarbeiter des Bundesamtes für Migration und Flüchtlinge fühlen sich aber an dieses Urteil nicht gebunden. Mit fatalen Folgen für das Leben schwuler Geflüchteter.

Das Together-Refugee-Team in Mühlheim an der Ruhr hat im März 2017 die Begründung eines negativen Bescheids veröffentlicht: Ein 19-jähriger Iraker hatte bis zu seiner Flucht vor fünf Jahren in einer geheimen, gleichgeschlechtlichen Partnerschaft gelebt. Nach einem Outing konnte er das Land verlassen, sein Partner wurde ermordet. Das Bundesamt schreibt nun, es gebe für den 19-jährigen „keine ernsthafte Bedrohungssituation", deshalb solle er zurück. Vom Mord an seinem Freund könne nicht automatisch darauf geschlossen werden, dass auch er gefährdet sei. Der Iraker Hasan Kahrizi, schwuler Menschenrechtsaktivist, hat 2016 86 Meldungen über verfolgte und dann getötete Schwule in seinem Land erhalten. Nicht nur der IS tötet dort Menschen, auch der irakische Staat verfolgt Schwule oder lässt zu, dass sie ermordet werden.

„Ich habe noch nie mehr Frieden in mir gespürt als hier in Deutschland.“ Ali, 26, aus dem Irak

Die Mutter:
„Du ziehst die ganze Familie mit in die Hölle.“

Der Bruder:
„Ich schwöre dir, wenn ich dich noch mal in dieser Kleidung sehe, werde ich sie verbrennen, während du sie noch am Leib trägst.“

Der Vater:
„Du bist das allerschlimmste, was mir in meinem Leben passiert ist.“

Der Bruder:
„Ich weiß, dass du in der Hölle landest. Und ich weiß, wie ich dich schneller da hinbringen kann.“

Der Vater:
„Ich will dich umbringen. Ich werde dich umbringen.“

Ali schafft es nicht, mir von seiner Vergangenheit zu erzählen. Er hat sie aufgeschrieben, entschuldigt sich dafür und bittet mich, daraus zu berichten. Ich bin gerührt. Was soll ich sagen? Ich sage nichts und lese mir alles durch.

Zuerst springen mir diese entsetzlichen Zitate ins Auge. Ich überlege lange und entscheide mich, sie an den Anfang von Alis Geschichte zu stellen. Denn dort gehören sie hin. Sie sind der Grund, warum er in Deutschland ist.

Ali wurde 1990 in eine streng religiöse Familie hineingeboren. Der Stammbaum hat ihm das in die Wiege gelegt, denn seine Familie gehört zu den Sayyids – so werden die Nachkommen Mohammeds, dem Religionsstifter des Islam, bezeichnet. Der Prophet Mohammed hat im Islam eine ähnlich exponierte Stellung und Bedeutung wie Jesus Christus im Christentum.

Ein derart aufgeladenes Familienleben war schon für das Kind und den Jugendlichen eine tägliche Qual. „Ich werde nie akzeptieren, dass meine Frau zur Arbeit gehen wird." Das waren Regeln und Vorstellungen, in diesem Falle die seines Vaters, mit denen Ali aufgewachsen ist. Ein anderes Beispiel: Mit 13 Jahren wurde er vom Vater geschlagen, weil er sich im eigenen Garten nicht richtig auf einen Stuhl gesetzt hatte. Nicht männlich genug. Schläge gab es auch, als Ali im Stimmbruch war und nicht tief genug sprechen konnte. Während er seinen Vater als bigott und intolerant beschreibt, zeichnet er von seinem etwas älteren Bruder das Bild einer noch schrecklicheren Version des Vaters. Ali ist also zwischen gleich zwei schrecklichen Mannsbildern aufgewachsen.

Mit 17 Jahren war er soweit, seine Homosexualität zu akzeptieren. Doch er musste sie – aus reinem Selbstschutz – natürlich für sich behalten. Glücklicherweise spross ihm schon damals ein dichter Vollbart am Kinn – der schützte ihn meistens vor schwulen ‚Verdächtigungen'. Und brachte ihm sogar familiäres Lob ein: Gemäß der arabischen Kultur steht so ein Bart für Religiosität.

Doch in der Highschool machte er keinen Hehl daraus, was er vom Islam hielt: nicht viel. Bis zum äußersten Bekenntnis hat er sich allerdings nie vorgewagt: Dass er Atheist ist, kam ihm im Irak nicht über die Lippen. Er ging schon generell ziemlich weit und ließ beispielsweise den Fastenmonat Ramadan aus, als einziges Mitglied seiner Familie.

Mit 21 Jahren bekam er von seinem Chef ein iPhone geschenkt. Er nutzte es gleich am ersten Tag ausgiebig – für die mobile Dating-Plattform Grindr. Ja, kaum zu glauben: Gerade im Irak, in einem Land, in dem Schwule regelmäßig straffrei gelyncht werden, ist Grindr eine große Sache. Wo es keine richtige Szene gibt, Heimlichtuerei dem Überleben dient und zugleich ein Staat meistens

Wichtigeres zu tun hat, als Schwule zu überwachen, erfreuen sich entsprechende Dating-Apps besonders großer Beliebtheit. Schließlich lernte Ali über diese Plattform seinen ersten Freund kennen. Natürlich war es eine heimliche Beziehung. Doch immerhin hatte Ali endlich eine Person gefunden, die Lebensfreude in seinen Alltag brachte.

Über ein Jahr konnten sie die Beziehung versteckt halten – dann war Ali ein einziges Mal unvorsichtig: Er ließ sein Smartphone liegen, die Mutter bekam eine eindeutige Message mit. Von dem Tag an hatte sie ihn in der Hand. Sie behandelte ihn noch schlechter, drohte immer wieder, es der Familie zu erzählen, rief ihn Dutzende Male am Tag an. Ali war unter ständiger Kontrolle. Als er einmal aus einer Vorlesung kam und wieder aufs Display schaute, blinkten 90 verpasste Anrufe seiner Mutter auf. Diese perverse Kontrolle ging natürlich nicht spurlos an ihm vorbei. Er wurde depressiv und musste, um die Situation noch länger ertragen zu können, schwere Medikamente nehmen. Doch er fühlte mehr und mehr, dass sein Leben so keinen Sinn mehr machte. Zwei missglückte Selbstmordversuche brachten keine positive Wende; sie wurde von der Familie sogar zum Anlass genommen, ihn auch noch einen Junkie zu nennen (er hatte versucht, sich mit Pillen das Leben zu nehmen).

Als er sich sein erstes Tattoo stechen ließ – das Wörtchen ‚Peace' aufs Handgelenk – bekam er an der Uni weitere Probleme. Sie nannten ihn nun ‚Emo', was im Westen einem linken, gesellschaftskritischen Lebensstil entspricht, im Irak aber ein äußerst aggressives Schimpfwort ist. Menschen, die dort als Emos bezeichnet werden, sind in großer Gefahr: Sie wurden schon des Öfteren von konfessionellen Milizen verfolgt und ermordet. Als Emo beschimpft zu werden und womöglich noch als Homosexueller erkannt zu werden, würde einen in diesem Land in höchste Lebensgefahr bringen.

Mehr als ein Jahr, nachdem seine Mutter von Alis Homosexualität erfahren hatte, kam es zu einem großen Streit zwischen den beiden. Daraufhin, im Mai 2014, erzählt seine Mutter dem Vater und dem Bruder davon. Völlig unvermittelt schlugen sie auf Ali ein, überall hin – ins Gesicht, in den Bauch und in die Hoden. Dann haben sie ihn, sich krümmend vor Schmerzen, eingeschlossen. Nach einiger Zeit kam der Vater zurück. Mit einem russischen Gewehr in der Hand. Er machte es scharf und legte es Ali vor die Füße. Mit den Worten, dieses Problem könne man nicht anders lösen, schloss er seinen Sohn wieder ein. Ali sollte seinem Leben selbst ein Ende setzen.

Doch etwas in ihm entschied sich, weiterleben zu wollen. Er kletterte aus dem Fenster auf das Dach und sprang in den Garten. Dann rannte er nur noch. Stunden. Blutverschmiert kam er irgendwann beim Haus seines Freundes an. Der gab ihm etwas Geld. Dann bestieg er einen Bus in Richtung Türkei. Ein gutes Jahr später macht er sich von dort aus auf den Weg nach Wien.

Seine Aufzeichnungen enden hier. Ali beginnt zu erzählen.

„In Deutschland habe ich gleich zu Beginn viele tolle Menschen kennengelernt. Alles Ehrenamtliche, es war großartig."

„Es war überhaupt nicht geplant, dass ich in Europa oder gar in Deutschland landen würde. Ich wollte über ein UN-Programm von Istanbul aus nach Kanada oder in die USA. Das hatte aber leider nicht geklappt. Für die letzten drei Monate in der Türkei hatte ich keine Dokumente mehr. Es wurde gefährlich für mich. Erst dann habe ich mich entschieden, nach Europa zu gehen. Zurück in den Irak konnte ich auf keinen Fall. In der Türkei durfte ich nicht bleiben. Es war die einzige Möglichkeit."

Die Reise durch den Balkan war für Ali unproblematisch. Bis auf eine extrem brenzlige Situation:

„In Belgrad hatte mich ein Schleuser in den Kofferraum geschmissen. Erst 30 Kilometer vor Wien entschied er, mich wieder rauszulassen. Das war ziemlich beängstigend! Wir waren zu zweit hinten drin, immerhin war ich mit einem guten Freund in dieser klaustrophobischen Situation. Dadurch war es zwar enger, aber ich hatte nicht ganz so viel Angst."

Über 500 Kilometer und mehr als fünf Stunden in einem Kofferraum zu zwei – das kann tödliche Folgen haben. Zwar ist so ein Kofferraum nicht ganz luftdicht. Aber für zwei Personen ist in der Regel nach einer Stunde nicht mehr genug Sauerstoff vorhanden. Schon bald fällt man in Ohnmacht. Was besser ist, als bei Bewusstsein zu bleiben: Dann wiederum steigt die Gefahr der Hyperventilation. Eine Todesursache. Die andere: zu starke Hitze. Gott sei Dank blieben Ali und sein Freund von allem verschont.

„Ich bin in Wien direkt in eine Bahn nach Köln eingestiegen. Denn ich wusste, dass die Rheinmetropole eine sehr schwulenfreundliche und bunte Stadt ist. Deshalb wollte ich direkt dort hin. Doch geklappt hat es nicht. Auf der Polizeistation sagte man mir, ich solle nach Dortmund, um im zentralen Anmeldezentrum vorsprechen. Von dort aus ging es mit einem Bus in eine kleinere Stadt. Ich kam für knapp einen Monat in einer Basketballhalle unter. Das war eine tolle Stadt, ziemlich ausgefallen. In der Halle konnte man es natürlich allerdings nicht gut aushalten. Aber ich ging viel spazieren und bin so zur Ruhe gekommen. Gleich zu Beginn habe ich auch viele tolle und nette Menschen kennengelernt. Alles Ehrenamtliche, es war großartig. Ich halte immer noch mit Einigen Kontakt."

Er freut sich sichtlich, davon zu erzählen. Seine Augen leuchten. Dieser erste Monat in Deutschland war ein großes Glück für ihn. Nicht nur, dass er so schnell Anschluss gefunden hat. Die Verbindungen aus dieser Zeit sollten ihm noch Jahre später helfen und eine gute Perspektive verschaffen. Doch erst einmal hatte er, wie beinahe alle Flüchtlinge, mit den Umständen zu kämpfen, die in den nächsten Unterkünften auf ihn warteten.

„Das Vier-Bett-Zimmer war häufig total überfüllt, die Luft schlecht. Schrecklich."

„Das nächste Lager war in einem Wald nahe der niederländischen Grenze. Da war ich aber nur kurz. Dann kamen wir in eine kleinere Großstadt, wo ich noch immer lebe. Seit knapp zwei Jahren wohne ich nun dort nun in einem Container. Ein Vier-Bett-Zimmer. Das war bis vor kurzem wirklich schlimm: Ein sehr religiöser Mitbewohner hatte mitbekommen, dass ich eine andere Meinung zum Islam habe. Der Streit war heftig. Irgendwann habe ich ihm gesagt: ‚Pass auf, wenn du jetzt nicht still bist, rufe ich die Polizei.' So konnte ich ihn in Schach halten. Dieser Typ hatte zudem ständig Gäste auf dem Zimmer. Drei davon schliefen oft sogar auf dem Fußboden. Sie waren mir alle sehr unsympathisch. Aber ich konnte nichts dagegen tun. Der Raum war häufig total überfüllt, die Luft schlecht. Schrecklich. Ich habe auch gar keine Lebensmittel mehr eingekauft. Alles wurde von den anderen weggegessen. Das hört sich jetzt nach einer Kleinigkeit an, ich weiß. Aber stelle dir das einmal vor: ein total überfülltes Zimmer, null Privatsphäre und dann wird dir auch noch jede Banane genommen. Über eineinhalb Jahre lang! Das nervt, und du bist dagegen total machtlos.

Wir hatten im Heim eine Zeitlang eine aus Serbien stammende Familie – zwei Mütter mit zwei Kindern. Sie haben hier in Deutschland geheiratet, mussten aber leider zurück. Das waren die einzigen Bewohner des Heims, mit denen ich richtig Kontakt hatte. Wir waren gut befreundet."

Als er mir das erzählt, wird er sehr traurig. Er wurde von dieser Familie auch gepflegt, als er einmal recht krank wurde. Sie kochten

Suppe für ihn und wachten an seinem Bett.

Als Ali wieder ansetzt, beginnt er Englisch zu sprechen. Dabei ist sein Deutsch sehr gut. Ich hatte vorher jeden seiner Sätze verstanden. Es gäbe eigentlich keinen Grund, in sein etwas besseres Englisch zu wechseln. Doch sein ehrenamtlicher Betreuer hat mir vorher erzählt: Wenn Ali ins Englische wechselt, geht ihm das Erlebte sehr nahe. Es fällt ihm dann deutlich schwerer, sich auf Deutsch klar auszudrücken. Auf das in Schule und Beruf gesprochene Englisch kann er dagegen sicher zurückgreifen.

„Eine irakische Familie hat die beiden Frauen geschlagen. Das war eine schreckliche Sache, verbunden mit ganz viel Aggression, viel Polizei war vor Ort."

Seine Stimme stockt, sein leichtes Stottern bestimmt nun, wie schnell die Worte seinen Mund verlassen. Er erzählt, dass er der Familie nicht zur Seite springen konnte. Es passierte an dem Tag, an dem er seine Anhörung hatte. Er war nicht in der Stadt. Nun sagt er nichts mehr, doch in seinem Gesicht zeichnen sich Selbstvorwürfe ab. Es bot sich ihm einfach keine Chance zu helfen.

„Es passierte an dem Tag, als ich nicht da war. Als ich zurückkam, sah ich überall Blut an den Wänden. Es gab Videos davon. Ich habe sie mir nie anschauen können."

Seit wenigen Wochen hat er nun endlich ein Zimmer für sich allein. Er kann die Tür abschließen und ist dann für sich. Während er mir das erzählt, wechselt er wieder von der englischen in die deutsche Sprache. Man bekommt den Eindruck, dass es für ihn derzeit der größte, vorstellbare Luxus ist, ein eigenes, kleines Zimmer in einem Container zu haben.

„Es ist phantastisch. Endlich nicht mehr mit fremden Menschen in einem Raum leben zu müssen. Das war wirklich schlimm. Fast zwei Jahre keine Privatsphäre. Immerhin habe ich es geschafft, in dieser Zeit nicht geoutet zu werden. Das war aber auch nicht schwierig – denn das habe ich die meiste Zeit im Irak auch schon geschafft. Darin habe ich Übung und weiß, welche roten Linien man nicht übertreten darf. Die Beine beim Sitzen übereinanderschlagen – das ist so eine rote Linie. Ein Vorteil dabei ist, dass viele Araber gar nicht wissen, dass es Homosexualität überhaupt gibt. Also machen sie sich darüber keine Gedanken, machen es entsprechend nicht zum Thema, achten auch nicht darauf. Selbst die Männer, die Sex mit Männern haben, denken meistens gar nicht daran, schwul zu sein oder etwas Schwules gemacht zu haben. Sie sagen sich höchstens: Da ist ein schlechter Geist über mich gekommen. Der hat das getan. Nicht ich."

„Als ich den Ausbildungsvertrag unterschrieben hatte, war ich außer mir vor Glück."

Im ersten Lager, der Basketballhalle, hatte Ali ein paar junge, deutsche Mädchen kennen gelernt. Sie haben dort ehrenamtliche Arbeit geleistet, waren Schülerinnen des örtlichen Gymnasiums und vor allem mit den Kindern im Camp beschäftigt. Durch sein gutes Englisch kam er schnell mit ihnen ins Gespräch. Sie freundeten sich an.

„Eine der Schülerinnen kannte eine deutsche Familie mit einem 14-jährigen Sohn, der Englisch-Nachhilfe brauchte. ‚Ja, sehr gern' habe ich prompt geantwortet, als sie mich gefragt hatte, ob wiederum ich helfen könnte. Ich freute mich über jeden neuen Kontakt. Diese reiche, deutsche Familie war von Beginn an unheimlich nett zu mir gewesen. Zugleich haben sie mir ganz viel Hilfe angeboten. Und sie waren auch emotional eine enorme Stütze. Ich bin immer noch ganz fasziniert davon, wenn ich an das Verhalten dieser Familie zurückdenke. Irgendwann sagte die Mutter: ‚Ich muss dir was für die Nachhilfe geben, aber das darf kein Geld sein.' Denn ich durfte kein Geld verdienen. Das ist in den ersten Monaten als Flüchtling hier in Deutschland nicht möglich. Sie hat mir dann stattdessen an einer privaten Schule einen Deutschkurs finanziert. Etwas Sinnvolleres hätte es zum damaligen Zeitpunkt nicht geben können. Das hat mir wahnsinnig viel Spaß gebracht. Und so war es mir möglich, die Sprache wesentlich schneller zu erlernen."

Im Rahmen eines weiteren, dann wieder offiziellen Deutschkurses, dem B2-Diplom, musste er als Abschluss ein dreiwöchiges Praktikum absolvieren. Ohne dieses Praktikum hätte Ali wiederum den Kurs nicht abschließen können. Er bewarb sich bei vielen Unternehmen – ohne Erfolg. Der Vater der Familie brauchte wiederum nur eine Mail zu verschicken, und Ali wurde postwendend zum Vorstellungsgespräch eingeladen. Er bekam das ersehnte Praktikum. Aber nicht für drei Wochen – sondern gleich für ein halbes Jahr. Und bezahlt.

„Dieser Familie habe ich so viel zu verdanken. Sie waren meine ersten deutschen Freunde und sind es noch."

Im Spätsommer 2017 beginnt er in seinem ehemaligen Praktikumsbetrieb eine Ausbildung. Im Intranet wurde er porträtiert und dabei als Beispiel für gelungene Integration gefeiert. Das Foto daneben zeigt Ali – breit grinsend – neben dem Personalvorstand des Unternehmens. Schon jetzt, vor dem Start der Ausbildung, kann man sagen: Ali ist beruflich auf den Erfolgszug aufgesprungen und wird ihn absehbar nicht verlassen.

„Als ich den Ausbildungsvertrag unterschrieben hatte, war ich außer mir vor Glück. Mit der Kopie bin ich dann zur Ausländerbehörde gegangen, denn das Unternehmen brauchte ein Dokument, in dem bestätigt wird, dass ich mindestens für die vorgesehenen drei Jahre Ausbildung bleiben darf. Bei der Behörde sagten sie zu mir ‚toll!', hatten aber keine Ahnung, was sie mir ausstellen sollten."

Und was tut eine Behörde, wenn sie nicht weiter weiß? Sie verzögert das Verfahren, fordert mehr und mehr Dokumente an, lässt einem wochenlang im Ungewissen. Zwei Tagen vor unserem Gespräch hat er dann endlich den Brief vom Amt bekommen, dass er die Ausbildung beginnen darf. Er werde sich diesen Brief einrahmen und an die Wand hängen, sagt er. Und wirkt dabei fast schon ein bisschen positiv hysterisch. Was eigentlich so gar nicht seiner

Art entspricht.

Wer Alis Vergangenheit im Irak kennt, wird annehmen: Ein positiver Asylbescheid sollte nur Formsache sein. Weit gefehlt.

„Zunächst habe ich knapp zehn Monate auf den Bescheid vom BAMF gewartet. Solange müssen viele Flüchtlinge warten. Doch das macht die Sache für einen nicht einfacher. Es war fast ein Jahr größtmöglicher Unsicherheit. Damit muss man erst einmal umgehen. Und dann: ein negativer Bescheid! Das hat mich voll getroffen. Ich war wie versteinert. Vor der Anhörung hatte ich ein angenehmes, hoffnungsvolles Gespräch bei einer Anwältin. Sie hat mir versichert: ‚Alles wunderbar. Machen Sie sich keine Sorgen. Mit Ihrer Geschichte dürfen sie auf jeden Fall bleiben. Sie bekommen Ihre Aufenthaltserlaubnis, glauben Sie mir.'"

Ali wähnte sich kurz vor der Anhörung in Sicherheit, hatte sich entsprechend auch nicht detailliert vorbereitet. Diese fehlende Anhörungsvorbereitung wurde ihm dann zum Verhängnis: Auf Geheiß des Dolmetschers stellte er seine Geschichte verkürzt dar, zu asylrechtlich äußerst relevanten Einzelheiten wurde er erst gar nicht weiter befragt. Hätte er sich vorbereitet, wäre er in diese beiden Fallen nicht getappt. Jetzt aber – für das Widerspruchsverfahren am Verwaltungsgericht – sind Ali, sein neuer Anwalt und ein ehrenamtlicher Unterstützer bestens vorbereitet. Sie haben viele zusätzliche Dokumenten, auch aus dem Irak, angefordert und erhalten. In Bundesdrucksachen erfolgreich recherchiert, Beglaubigungen über die Situation im Irak von NGOs eingeholt. Wie sagt man: Es müsste mit dem Teufel zugehen, wenn sich sein Asylverfahren nicht zum Positiven wenden würde.

Durch die amtliche Genehmigung, seine Ausbildung antreten zu dürfen, hat Ali bereits eine sehr zuverlässige Bleibeperspektive in Deutschland. Es gilt für ihn auf jeden Fall die so genannte 3+2-Regelung. Für die dreijährige Ausbildung und zwei weitere Jahre im erlernten Job darf er auf jeden Fall in Deutschland bleiben. Mit einem nachträglichen, positiven Bescheid wäre dann auch an einer noch längerfristigen Bleibeperspektive kaum mehr zu rütteln. Zusätzlich zum Asyl- oder Flüchtlingsstatus würden ihm automatisch Papiere ausgestellt, mit denen er ins europäische Ausland reisen dürfte. Auch das eine Sache, die Ali wichtig ist.

Der ehrenamtlichen Flüchtlingsbetreuer, der Ali im laufenden Widerspruchsverfahren tatkräftig unterstützt, ist zufälligerweise auch schwul. Das hilft sehr, die Sache richtig einzuschätzen und die richtigen Dokumente zu besorgen. Weil Ali um diese Wichtigkeit schwuler Unterstützung im Verfahren wusste, hatte er auch vorher schon einmal versucht, Kontakt zu einem schwulen Unterstützer aufzubauen.

„Ich bin aber nur einmal zu einer Hilfsorganisation für schwule Flüchtlinge gegangen. Einmal und nie wieder. Das war eine sehr schlechte Erfahrung, die ich sammeln musste. Zunächst hatte ich dort eine Mail hingeschickt. Der Mann schrieb mir sehr nett zurück und hat mich eingeladen, ihn zu treffen. Hoffnungsfroh bin ich hingegangen, doch das war in einer Wohnung, kein Büro. Ein älterer Mann öffnete mir die Tür. Er erzählte mir ein paar Dinge, und ich bekam ein komisches Gefühl. Irgendwann fing er an, nur noch von sich selber zu erzählen. Er wäre Masseur und würde zuhause arbeiten. ‚Ich kann dir auch zeigen, wo ich arbeite' sagte er. Ich entgegnete: ‚Nein danke und tschüss.“

Im Rausgehen erblickt er dann nicht nur Massageutensilien auf einem Regal. Dieser „Masseur“ hat ihm dann noch ein paar Nachrichten hinterher geschrieben. Darüber will Ali aber nicht mehr reden, macht ein angewidertes Gesicht und kommt zum nächsten Thema.

„Ich liebe es, wenn es in Bonn ganz leicht regnet und ich durch die Straßen spaziere.“

Er möchte mit etwas aufräumen. Nämlich mit der Vorstellung, dass schwule Araber gerne unter sich bleiben, lieber eine eigene Community bilden. Erstaunlicherweise ist dieses Thema nicht nur ihm wichtig, viele schwule Araber sprechen es von sich aus an. Und alle Schwulen aus Nordafrika, Syrien oder dem Irak, mit denen ich bei den Recherchen zu diesem Buch geredet habe, sagen dasselbe – sie suchen nicht gerade die Nähe zu ihren arabischen Genossen. Ali sieht die Sache wie folgt:

„Ich fühle mich nicht sehr wohl, wenn ich mit anderen schwulen Arabern zu tun habe. Sie vereinnahmen einen. Sie glauben, wir sind automatisch Freunde oder Familie, nur weil wir schwule Araber in einem fremden Land sind. Meine Ablehnung hat ganz sicher etwas mit meiner Vergangenheit zu tun. Im Irak war es wirklich schwierig, schwule Freunde zu finden, denen man vertrauen konnte. Und so steckt tief in mir drin, dass ich auf schwule Arabern nicht zählen kann. Ich bin da voreingenommen. Ich glaube aber, dass diese Voreingenommenheit auch etwas mit der arabischen Kultur zu tun hat. Bei uns vertrauen sich die Menschen gegenseitig nicht so stark wie die Deutschen untereinander. Und so fühle ich mich hier auch keiner arabisch-schwulen Community zugehörig. Ich habe inzwischen schwule Freunde, aber das sind Deutsche. Darüber bin ich sehr froh.“

Ein Zugehörigkeitsgefühl hat natürlich auch immer viel mit Einstellungen und Interessen des Einzelnen zu tun. Als bekennender Atheist, studierter Physiker und Dichter steht Ali abseits des arabischen Mainstreams, auch aus schwul-arabischer Sicht.

Zum Schluss die Sache mit der Heimat. Ali überlegt lange, dann versucht er es mit einer Annäherung, um in größter Gelassenheit zu enden:

„Ich habe Heimweh. Natürlich vermisse ich mein Zuhause. Ich vermisse sogar irgendwie meine Familie, obwohl sie mir so schreckliche Dinge angetan und den Tod gewünscht hat. Ich habe aber eben nur eine Familie. Dann ist da dieses spezielle Gefühl, dass der

Irak das Land ist, wo und mit dem ich allergrößte Probleme hatte. Ich musste mich dort, oder zumindest ein großer Teil von mir, nämlich meine schwule Seite, verstecken. Daher konnte der Irak nie eine richtige Heimat für mich sein. Ich bin emotional, aber ich bin nicht sentimental. So habe ich auch kein sentimentales Verhältnis zu Orten, an denen ich besondere Dinge erlebt habe. Ich vermisse kein Haus, keine Straße, nur ganz abstrakt mein ehemaliges Zuhause. Es gibt auch keine schönen Dinge, die ich dort erlebt habe und die mir in Erinnerung geblieben sein könnten. Sentimentalität kann daher gar nicht erst entstehen. Ich hoffe aber, dass mir das in Deutschland passiert. Nein, es ist mir schon in Deutschland passiert! Ich liebe es, wenn es in Bonn ganz leicht regnet und ich durch die Straßen spaziere. Das sind ganz erstaunliche Momente für mich, vor allem, wenn ich dann noch meine Lieblingsmusik höre. Einfach gehen, mein Alleinsein genießen, im Park meditieren. Ich habe noch nie mehr Frieden in mir gespürt als in diesen Momenten."

Interview mit Mohammad, 18
Ein heterosexueller Flüchtling erzählt

„Mach doch ein Interview mit mir!" Als ich einem der Jugendlichen, die ich betreue, von meinem Buch erzählte, platzte es unvermittelt aus ihm raus. Wir standen gerade in der Küche und schnitten Möhren. Tolle Idee, dachte ich und heizte den Backofen vor.
Mohammad ist im Iran aufgewachsen. Dort kommen Schwule ins Gefängnis oder werden hingerichtet. Er ist heterosexuell und ein moderater Moslem, kommt aus armen Verhältnissen, ist sehr intelligent und hat sich hier rasch integriert. Nach zwei Jahren Deutschunterricht macht er gerade, im Sommer 2017, seinen Realschulabschluss.

Du bist mit 15 Jahren aus dem Iran geflüchtet. Hattest du bis dahin mitbekommen, dass es Homosexualität gibt?

Nein, nicht direkt. Aber es gibt dort Menschen, die nennen wir Trans oder Shemale. Von denen wusste ich. Aber sie zeigen sich nicht öffentlich, auf der Straße sind sie nicht zu sehen. Dass zwei Männer oder zwei Frauen zusammen sein können, das kannte ich damals noch nicht.

In Afghanistan gibt es ältere Männer, die schlafen mit Jungen. Mit Kindern, die etwa zwölf Jahre alt sind. Das nennt sich Pädophilie, oder? Aber ich weiß, das ist etwas ganz anderes, als wenn zwei Männer miteinander Sex haben.

Der Iran bietet schwulen und lesbischen Jugendlichen eine Geschlechtsumwandlung an, um sie von ihrer „Abnormalität zu heilen". Dann lieben sie aus Sicht der Religionswächter wieder das andere und somit „richtige" Geschlecht. Wusstest du davon?

Auf YouTube habe ich so etwas schon einmal gesehen, da gab es eine Art Online-Tagebuch zur Umwandlung. Dort wurde ein Mann zu einer Frau. Aber dass der Staat so etwas unterstützt, wusste ich nicht. Es erklärt natürlich, warum ich dort eher etwas von umgewandelten Menschen erfahren habe als von Schwulen und Lesben.

Hast du mal mit deiner Familie über solche Themen gesprochen?

Nein. Ich glaube auch nicht, dass sie wissen, dass es Homosexualität gibt. Sie wären wahrscheinlich sehr überrascht.

Wie, glaubst du, würden sie reagieren, wenn du ihnen erzählen würdest, dass sich in Deutschland ein schwules Paar um dich kümmert?

Auch darüber wären sie erstmal sehr überrascht. Aber ich vermute, sie würden nichts dazu sagen. Sie hätten weder eine positive noch eine negative Meinung dazu.

Diese Gelassenheit, hängt sie vielleicht auch damit zusammen, dass ihr moderate Moslems seid und damit eine Ausnahme in einem sehr streng religiösen Land?

Das kann man so sagen. Ich bin wirklich sehr frei erzogen worden. Wir haben als afghanische Flüchtlinge im Iran gelebt. Meine Eltern sind vor den radikal-islamischen Taliban in Afghanistan geflüchtet, weil meine Familie in Afghanistan mit ihrer Meinung Probleme hatte: Jeder soll die Religion so leben, dass sie ihn glücklich macht. Und damit nicht das Glück der Anderen begrenzen.

Ich bin nicht so oft in die Moschee gegangen. Ich habe auch nie viel gebetet. Das fanden meine Eltern okay. Trotzdem haben wir zu

Hause, in der Moschee oder in der Schule den Koran gelesen. Im Iran, wo ich herkomme, beten vielleicht 60 Prozent der Jugendlichen wenig bis gar nicht. Auch bei den Erwachsenen kommt es weit weniger vor, als ihr hier in Deutschland glaubt.

Mir ist es egal, ob jemand schwul oder lesbisch ist. Ich bin ein Junge, und ich bin auch ein Moslem. Man kann Moslem sein und Homosexualität in Ordnung finden. Mir ist egal, wer etwas mit wem hat. Seit ich davon erfahren habe, dass es Schwulsein gibt, habe ich immer gedacht: okay für mich.

Du kommst aus einem Land, in dem Schwulen die Todesstrafe droht. In iranischen Gefängnissen werden Schwule schlimmer behandelt als Mörder. Kannst du dir vorstellen, warum die Iraner so einen Hass auf Schwule haben?

Nein, das weiß ich nicht. Die strengen Muslime akzeptieren es nicht. Im Islam sagt man „Ḥarām“ dazu, es ist verboten. Das erklärt aber nicht, warum sie Schwule so schlimm behandeln. Doch das mit der Homosexualität und dem Islam ist nicht so einfach und klar. Ich habe zum Beispiel den Eindruck, dass die Türken in Deutschland Homosexualität viel seltener akzeptieren als die Iraner und Afghanen hier. Zumindest die, die neu im Land sind. Obwohl diese Menschen aus Ländern kommen, in denen ein strengerer Islam gelebt wird und Schwule dort viel härter bestraft werden als in der Türkei. Türken in Deutschland sind bei dem Thema meistens viel angestrengter als Iraner oder Afghanen. So erlebe ich das hier. Ich weiß aber nicht, warum das so ist.

Auf der Flucht hattest du ein besonderes Erlebnis...

In Italien habe ich auf einer Parkbank geschlafen. Da bin von einem Klacken aufgewacht. Vor mir stand jemand. Es war wie im Film: Meine Augen machten eine Kamerafahrt: ich blickte langsam von unten nach oben. Zuerst sah ich hohe Hackenschuhe, sehr elegant, dann eine Strumpfhose und einen kurzen, knappen Rock. Weiter oben sehr große Brüste und eine auffällige Handtasche. Aber dann! Da waren Bartstoppeln am Kinn! Ich habe mich echt erschrocken und bin ganz schnell weggerannt. Das war meine erste Erfahrung, mein erster Kontakt in diese Richtung.

Was hast du in Deutschland über das Thema gelernt?

Richtig gelernt habe ich darüber nichts. In der Flüchtlingsklasse haben wir nie darüber gesprochen. Die Betreuer im Jugendheim haben mal einen Sexualkundekurs organisiert. Aber da war Homosexualität ebenfalls kein Thema.

In der Schule haben mich die anderen Jugendlichen häufiger gefragt: „Ey, bist du schwul?“ Ich wurde das gefragt, weil ich afghanische Freunde häufig umarme, und weil wir uns auch manchmal länger die Hände halten. Im Iran oder Afghanistan denkt niemand, dass das ein schwules Verhalten ist. Hier jedoch alle. Und das habe ich die ersten Monate überhaupt nicht begriffen, weil ich ja auch nicht wusste, was Schwulsein bedeutet. Aber weil ich gefragt wurde, ob ich schwul bin, hat mich das schließlich interessiert. Ich war neugierig, fragte Freunde, was das bedeutet. Auch Dolmetscher haben mir den Sachverhalt erklärt. Ich war dann sehr überrascht darüber.

Alle Schwulen oder Lesben, die ich in Deutschland getroffen habe, waren immer sehr nett zu mir gewesen. Wirklich nett. Ich hatte viele Fragen, die sie mir sehr hilfsbereit beantwortet haben. Nach vier Monaten in Deutschland habe ich bereits beim CSD mitgefeiert. Da hat uns eine Lesbe noch einmal viel und ganz geduldig alles erklärt.

In den letzten Jahren haben viele minderjährige, unbegleitete Flüchtlinge hier auf dem CSD mitgefeiert. Ich würde sagen, es feiern mehr heterosexuelle, junge Flüchtlinge als heterosexuelle, deutsche Jugendliche mit. Wie erklärst du dir das?

Die, die dort hingehen, wollen hauptsächlich Party machen. Und ihr macht tolle Partys! Ein paar wollen auch Mädchen kennenlernen, und wissen gar nicht, dass die meisten dort lesbisch sind. Pech gehabt. *(lacht)*

Aber die meisten wissen, dass das ein schwul-lesbisches Fest ist?

Ich denke ja. Man erkennt doch sehr schnell, was da los ist. Ihr küsst euch da ja auch offen auf der Straße! *(grinst)* Auf dem letzten CSD hat sogar jemand mit mir geflirtet. Das habe ich aber erst viel später gemerkt. Ich war gerade glücklich und habe ganz viel gelächelt. Der hat mich dann noch 100 Meter lang angeguckt. Das war im Nachhinein schon etwas komisch für mich.

Wenn Söhnke (mein Freund) und ich heiraten würden und eine richtig große Hochzeit feiern würden, wie in Afghanistan, alle wären eingeladen: Wie viel Prozent der jugendlichen Flüchtlinge, die du und wir kennen, würden wohl kommen?

Ich kann mir vorstellen, dass 80 Prozent sehr gerne zu eurer Hochzeit kämen.

Oh, das hätte ich nicht gedacht. Gut für eventuelle Planungen. Trotzdem haben die meisten Geflüchteten ein negatives Bild über Schwule. Hast du eine Idee, wie man das ändern könnte?

(Er überlegt lange) Im Islam gilt Homosexualität als verboten. Das habe ich schon erzählt. Das ist natürlich ein Problem. Dadurch können es sehr religiöse Familien nicht akzeptieren. Wenn die aber so nette Schwule kennenlernen wie ich, würden sie sehen, dass es

ganz normale, glückliche Menschen sind.

Das wird aber nicht immer funktionieren. Wenn ich mit euch unterwegs bin, treffen wir manchmal auch Afghanen, die wollen einfach keinen Kontakt zu Schwulen haben, nichts darüber erfahren. Andere, aber auch nur wenige, wie sagt man, die beleidigen nicht, aber ... *(er wirft den Übersetzer im Smartphone an)* die ‚frotzeln' über Schwule. Das macht aber höchstens jeder zehnte Afghane, denke ich.

80 Prozent der Deutschen sind dafür, dass Schwule und Lesben die gleichen Rechte bekommen. Die anderen 20 Prozent gehören weit überwiegend zum konservativen, rechten Spektrum. Es sind relativ deckungsgleich auch die Menschen, die negativ gegenüber Flüchtlingen eingestellt sind. Was denkst du darüber?

Ich habe davon gehört, die Menschen von Pegida. Ich kann das nachvollziehen. Ihr seid eine Minderheit und ich gehöre zu einer Minderheit. Eigentlich sollten sich Schwule und Flüchtlinge zusammentun.

> Wenn ich Mohammad diese Fragen im Iran gestellt hätte und das Interview wäre dort veröffentlicht worden, hätte ich mich als Journalist strafbar gemacht. Peitschenhiebe und mehrere Jahre Gefängnis – das wären die Folgen für mich im Iran.

„Dann habe ich gemerkt, dass ich ein neues Leben bekommen habe.“ Sasha, 28, aus Syrien

„Kämm’ uns die Haare, bürste uns die Schuhe und mache uns die Schnallen fest.“

„Du bist voll Staub und Schmutz.“

„Die Guten ins Töpfchen, die Schlechten ins Kröpfchen.“

Bei wem klingelt es da nicht – es sind alles Zitate aus Aschenputtel. Das berühmte Märchen um ein schäbig behandeltes Mauerblümchen, gefesselt an Heim und Herd. Sasha, in einer Stadt im syrischen Drusengebirge aufgewachsen, hat sich Zeit seiner Kindheit und Jugend in genau dieser Rolle befunden.

„Schon ganz früh hatte ich das Gefühl, ich bin die „Cinderella“ der Familie. Es drehte sich alles um meinen Bruder. Ich war ein Nichts. Nur, wenn ich ganz viel Hausarbeit übernommen habe, bekam ich keine Probleme. Ich fühlte mich häufig wie die Stieftochter. Aber ohne leibliches Elternteil. Manchmal auch wie eine Haushälterin oder wie ein Gast in einem fremden Haus.“

Sasha sorgte stets für Sauberkeit, hat gekocht – und fiel damit der Mutter immerhin nicht unangenehm auf. Er sagt, er war damals das perfekte Mädchen.

„Sie war der Kontrollfreak, eine Glucke, ich war ihr Besitz und hatte wie ein präzises Gerät zu funktionieren. Ich habe voll mitgespielt, denn ich wollte ihr natürlich gefallen.“

Sein Blick verrät: Es hat nicht geklappt. Liebe hat er von seiner Mutter wohl nie erfahren. Erst recht nicht vom Vater. Von dem wurde er nur verachtet und geschlagen. Einmal hätte der ihn beinahe umgebracht.

„Mein Vater hat mich nie akzeptiert. Ich bin der erste Sohn, der muss der Familienehre entsprechen. Mit acht Jahren hatte ich mir zu Weihnachten eine Barbie gewünscht. Ich vermute, spätestens ab dem Moment war ich für ihn gestorben."

Dazu die konservativen Gepflogenheiten in der rauen Bergstadt.

„In As-Suwaida müssen die Männer stark und sehr maskulin sein. Tradition und Familie spielen eine ganz wichtige Rolle. Auch der Name der Familie und ihr Ruf sind von großer Bedeutung. Es ist eine Kleinstadt, in der man sich kennt und in der jeder jeden grüßt."

„Er sagte: ‚Es ist ganz einfach – Du liebst ihn.'"

Zwar ist Sasha kein Moslem – aber die Religion, der er angehört, macht die Sache auch nicht leichter. Das Gebirge im Südwesten Syriens ist das Siedlungszentrum der Drusen. As-Suwaida, ungefähr so groß wie Bayreuth, war zwischen den Weltkriegen für kurze Zeit die Hauptstadt des Drusenstaates. Doch dieses Land existierte nur 15 Jahre lang. Über das Drusentum weiß man wenig; als kleine Religionsgemeinschaft wurden sie in den letzten Jahrhunderten immer wieder verfolgt. Das hat die Drusen zurückhaltend werden lassen. Vielen gilt das Drusentum daher auch als Geheimreligion. Die Drusen machen etwa zwei Prozent der syrischen Bevölkerung aus. Auch im Libanon, in Israel und in Jordanien sind ein paar Hunderttausend zu finden. Sie glauben an die Reinkarnation und nehmen an, dass jeder unter verschiedenen Namen seit Millionen von Jahren wiedergeboren worden ist. Die Zahl der Mitglieder muss wegen dieser Seelenwanderung relativ gleich bleiben. Deshalb kann man auch nicht konvertieren – es ist nur Druse, wer Kind drusischer Eltern ist. Sie haben keine Gebetshäuser wie Moscheen oder Kirchen, die Frauen tragen kein Kopftuch. Auch deshalb verachtet das IS-Terrorregime die Drusen. Sie werden in Syrien zunehmend von Islamisten bedroht.

„Ich finde nicht, dass ich als Druse eine Religion habe. Ich sehe das eher als eine Philosophie. Ich bin ein gläubiger Mensch, aber kein religiöser. Ich begreife meinen Glauben mehr so, wie es Buddhisten tun: spirituell, es geht mir um die Seele des Menschen."

Vermutlich eine sehr gesunde Sichtweise, die er zu seiner Religion gefunden hat. Mit dem homophoben, lieblosen Elternhaus, der erzkonservativen Gesellschaft, dem Krieg in Syrien und der drohenden Verfolgung durch Islamisten war das Knäuel an Probleme schon groß genug. Ein Knäuel, das sich während seiner Jugend immer fester um ihn schlingen sollte.

„Ich war elf Jahre alt, als mir klar wurde, dass ich schwul bin. Damals habe ich einen Freund gefragt: ‚Du, immer, wenn ich einen bestimmten Jungen hier in der Schule sehe, explodiert mein Herz. Was ist das?' Er erwiderte: ‚Auch wenn du etwas über diesen Jungen erzählst, hast du einen ganz besonderer Ausdruck in deinen Augen. Es ist also ganz einfach: Du liebst ihn.'"

Sie waren noch Kinder – und es war ganz einfach, darüber zu sprechen.

„Wir hatten kein Problem damit, hatten keine Vorurteile, haben es einfach so genommen, wie die Situation war. Ich war das erste Mal verliebt!"

Zwei Jahre später, mit 13 Jahren, begann für Sasha eine schöne Zeit. Zumindest in der Schule. Die Familie war innerhalb der Kleinstadt umgezogen. Neue Freunde, neue Schule. Eine gemischte Klasse, Jungs und Mädchen. Ein etwas älterer Junge wollte mit ihm etwas anfangen. Erst hat er sich geziert, sich über die Annäherungsversuche empört. Dann hat er es geschehen lassen. Und es hat ihm gefallen.

„Ich war damals sehr neugierig. Das bin ich immer noch. Aber mit 13 wollte ich unbedingt wissen und sehen, wie Jungs und Mädchen nackt aussehen."

Wenn er von dieser Zeit erzählt, bekommt man den Eindruck: Da war einer schon ein wenig besessen. Die Mädchen bekam er aber nicht nackt zu Gesicht. Er hat viel gefragt, doch sie blieben angezogen. Anders die Jungs:

„Sie zeigten sich mir. Und fragten mich nie, warum ich sie nackt sehen wollte."

Darüber wundert sich Sasha noch heute.

„Alle haben mich Bitch genannt. Es war schrecklich, ich wurde depressiv."

„In der Zeit habe ich mich nicht als jemand gefühlt, der zu einem Mann heranwächst. Ich war ein Junge, aber ich war nicht maskulin und wollte es auch nicht sein. Ich dachte auch darüber nach, ob der Schwanz weg muss."

Das war die Phase, in der er dachte, er wäre transsexuell. Er fing an, sich die Augenbrauen zu zupfen und seinen ganzen Körper zu rasieren. Seine Eltern haben das natürlich bemerkt.

„Sie haben gesagt, dass ich das nicht machen darf, Körperhaare für Männer etwas ganz Natürliches sind."

Wenn in As-Suweida ein Mann kein Körperhaar bekommt, gilt das als großer Makel; gleich einem hässlichen Hund mit einer Hautkrankheit – solche Vergleiche werden dann herangezogen. Paradox dabei: Obwohl Sasha damals peinlich genau seinen ganzen Körper rasiert hat, war er stets mit Stolz ein Vollbartträger.

„Ich bin wirklich eine sehr komische Person!", erwidert er. „Meine Körperhaare habe ich gehasst – aber meinen Bart finde ich toll.

Erst in Deutschland kann ich nun meine Körperbehaarung akzeptieren. Das ist lustig. Es hat wohl mit der Freiheit zu tun, die ich hier spüre. In Syrien hatte die schwule Szene, in die ich später in Damaskus eingetaucht bin, sehr strikte Traditionen: Es gab die sehr männlichen und die sehr weiblichen Schwulen. Wir mussten uns äußerst weiblich geben. Du kannst dort nicht in der Mitte sein. Dann akzeptieren die dich in der Szene nicht. Du würdest keinen Partner finden. Eine schwierige, nicht gerade identitätsfördernde Situation."

Wer sich Sasha anschaut, kann sich das sofort vorstellen. Auf Passfotos, in Anzügen, wenn sein Vollbart im Mittelpunkt steht und ohne gefärbte Haare kommt er sehr männlich rüber. Doch da ist auch dieses jungenhafte, das zuweilen tuntige, und der erste Eindruck ändert sich. Er ist definitiv „so was von in der Mitte". Doch in eben dieser Mitte durfte er nicht in der schwulen Szene Syriens sein.

„Aber in der Schule" betont er. „Bis zum Gymnasium fühlte ich mich dort voll akzeptiert. Es war okay, dass ich nicht total männlich war."

Er hatte in der Mittelschule ein sehr gutes Verhältnis zu den Mädchen. Und er wirkte „sexy" auf die Jungs. Etwas Besseres konnte ihm nicht passieren.

„Es war sehr cool, perfekt, ich hatte viel Sex, ich hatte viel Spaß. Ich war die Prinzessin der Klasse – von allen gemocht. Das war großartig."

Aber auf dem Gymnasium wurde es schwer für ihn. Und es sollte nie wieder einfach werden – bis zu dem Zeitpunkt, wo er europäischen Boden betreten konnte. In der Oberstufe kam er in eine reine Jungenklasse. Und wurde mit seiner Art überhaupt nicht mehr akzeptiert.

„Alle haben mich Bitch genannt, es war schrecklich, ich wurde depressiv."

Er verstand die Welt nicht mehr, konnte sich selbst nicht mehr akzeptieren, ging zum Psychologen. Und es wurde noch schlimmer. Der wollte ihn nämlich von seinem Schwulsein heilen. Zweieinhalb Jahre dauerte diese so genannte Therapie. Die Folge: Sasha dachte immer häufiger an Selbstmord.

Irgendwie hat er diese Phase überstanden.

„Mit 21 Jahre bin ich aus der Bergstadt weggezogen. Ich bin dort geboren, aufgewachsen und bis zum Ende zur Schule gegangen. Mit Beginn des Studiums wurde Damaskus zu meinem Lebensmittelpunkt. Die Stadt war damals offen, international. Jetzt ist sie es natürlich nicht mehr."

Ganz von seiner Heimatregion konnte er aber nicht lassen. Es hat ihn immer wieder nach As-Suwaida zurückgezogen.

„Was schwierig war: Ich musste meine Haare zurückfärben, durfte keine Ohrringe tragen. Mein freakiger Style wäre dort nicht gegangen, also musste ich andere Kleidung anziehen und mich ganz anders verhalten als in Damaskus."

„Wenn ich sehr ablehnend reagiert hätte, wäre ich erschossen worden."

„Als der Krieg im Jahr 2011 losging, hatte ich gerade mit Freunden eine kleine Agentur für Grafikdesign ins Leben gerufen. Damaskus und As-Suwaida waren zwar nicht direkt vom Krieg betroffen. Aber wir bekamen wegen der Unruhen keine Aufträge mehr."

Ab 2013 wurde es dann für Schwule immer gefährlicher.

„Zum Problem für mich wurden die Check Points. Der Krieg war zwar nicht in der Stadt, aber an vielen Ecken waren Sicherheitsleute und haben Kontrollen durchgeführt."

Tumbe Gestalten, die Paradiesvögel wie Sasha geschlagen haben, vergewaltigen wollten, ständig Angst und Unsicherheit geschürt haben. Schließlich bat er die Arab Foundation For Freedom and Equality (A.F.E.), mit der er schon länger in Kontakt stand, um Hilfe.

„Ich konnte sofort nach Ägypten ausreisen. Die Gelegenheit habe ich auch gleich genutzt, und also bin ich dann 2013 das erste Mal aus Syrien geflüchtet. Man konnte in Kairo zunächst besser leben. Ich hatte einen guten Job, einen netten Freund. Ich wollte bleiben, auch wenn man in Kairo als Schwuler natürlich nicht frei leben kann. Aber Ägypten ist zumindest kein Bürgerkriegsland."

Doch es kam anders. Er wurde, inzwischen Aktivist bei der A.F.E., zu einem Workshop nach Beirut eingeladen. Danach verweigerte man ihm die Wiedereinreise nach Ägypten. Er durfte das Flughafengebäude in Kairo nicht verlassen, musste nach Beirut zurückfliegen, hat viele Male probiert, wieder nach Kairo zu kommen – doch als schwuler Aktivist war es für ihn nun unmöglich geworden. Das politische Klima in Ägypten hatte sich mal wieder rasend schnell geändert – ein Militärputsch. Die Beziehung, der Job, die Wohnung – alles musste er hinter sich lassen.

„Ich wurde total depressiv, denn ich hatte in Beirut ja kein Leben."

In dieser schwierigen Zeit hat sich plötzlich seine Familie wieder bei ihm gemeldet. Sasha kehrte nach Syrien zurück; in die Arme der Familie, die ihn nie geliebt hat.

„Ich war extrem emotional, habe geweint und ihnen gesagt: Morgen bin ich wieder da."

Aber das war rückblickend natürlich die falsche Entscheidung. Sasha konnte in Kairo und Beirut etwas freier leben – dadurch hatte sich auch seine Lebensweise weiter verändert. Sein Style war nun noch extremer geworden, nicht mehr mit Syrien kompatibel. Dazu kamen der Konservatismus des Vaters und der Kontrollwahn der Mutter. Auch die Begleitumstände des Bürgerkriegs waren zu diesem Zeitpunkt, Ende 2014, endgültig in Damaskus und As-Suwaida angekommen: keine Arbeit, kein Geld, alles war viel teurer. Auch konnte er sein Studium nicht beenden. Die Professorin war regimetreu, Sasha passte nicht ins Bild. Er hielt mit seiner Meinung nicht hinterm Berg, sagte offen, dass er die Politik des Diktators nicht teilen würde. So wurde ihm der Abschluss verwehrt.

„Auch auf der Straße war es nun noch einmal gefährlicher geworden. Die Security-Armee an den Check Points wurde immer brutaler. Sie haben einen angefasst, wollten Sex. Hätte ich mich meinem Schicksal ergeben, wäre ich wahrscheinlich von mehreren Soldaten nacheinander vergewaltigt worden. Oder, wenn ich sehr ablehnend reagiert hätte, wäre ich erschossen worden."

An fast jedem Check Point musste er einen kommunikativen Drahtseilakt vollziehen, um nicht in Lebensgefahr zu geraten oder sexuell genötigt zu werden.

Es gab nur noch eine ganz kleine, versteckte, schwule Szene in Damaskus. Noch eine schwule Bar, ein paar open-minded Läden, in den sich Schwule und Lesben, Künstler und Intellektuelle trafen. In muslimisch geprägten Stadtteilen wurde die Stimmung gegen Schwule immer explosiver. In so einem Stadtteil gab es damals noch eine schwule Kellerkneipe. Sehr gefährlich für die Männer, die in der Szene den weiblichen Part zu übernehmen hatten.

„Diese Bar war umlagert von Einheiten der Security-Armee. Fast jeden Abend kam es dort zu Vergewaltigungen. Es war für sie ganz einfach: Sie nahmen sich die Schwächsten. Wer sich nicht ficken ließ, kam die Nacht in ein furchtbares Gefängnis."

Er hielt es nur noch ein paar Monate aus – dann ging Sasha für immer.

„Dann aber habe ich gemerkt, dass ich ein neues Leben bekommen habe."

Erst reiste er in den Libanon. Dort wollte Sasha über ein UN-Hilfsprogramm für schwule Flüchtlinge weiterkommen. Doch das klappte nicht. Auf eigene Faust reiste er schließlich weiter in die Türkei, wollte sogar dort bleiben – doch als schwuler, syrischer Flüchtling waren die Aussichten erbärmlich. Syrer ohne Geld können dort kein gutes Leben führen, die Situation für Schwule verschlechtert sich auch in der vermeintlich liberalen Hauptstadt von Jahr zu Jahr.

„Ich hatte gedacht, Istanbul wäre eine freie Stadt. Aber wenn man dort etwas länger lebt, erkennt man: Das ist ein einziger Fake! Viele türkische Schwule sind inzwischen aus Istanbul geflohen. Schwule Touristen, die dort eine offen schwule Szene zu erleben glauben, werden getäuscht. Es ist nur noch Fassade. Du kannst auch dort nicht mehr als Schwuler leben."
In Sasha wuchs die Einsicht, dass er nicht Syrien verlassen hatte, um in diesem Istanbul ein unfreies und armes Leben zu führen.

„Das Schlimmste war aber die Überfahrt von der Türkei nach Griechenland. Ein schneller, spontaner Entschluss. Das war auch gut so. Hätte ich länger überlegt, wäre ich nicht gefahren. Ohne Plan über die Ägäis. Mit einem kleinen, verrotteten Boot. Und ich kann nicht schwimmen. So etwas werde ich nie wieder machen. Die Schlepper sind wirklich eine Mafia. Sie schlagen und behandeln einen sehr mies. Und das, obwohl sie unheimlich viel Geld bekommen."

In Griechenland angekommen, musste Sasha erst einmal stundenlang weinen. Doch in die Tränen mischte sich immer mehr Hoffnung. Eben noch die schlimmen Momente auf dem Boot.

„Dann aber habe ich bemerkt, dass ich ein neues Leben bekommen habe."

In Minuten erlebte Sasha so extreme, gegensätzliche Gefühle, wie sie viele Menschen in ihrem ganzen Leben nicht erfahren.

„Ich fühlte mich auf einmal sehr weit weg von meinem alten Leben. Es war alles fort, alles hinter mir. Plötzlich war ich unheimlich glücklich. Ich habe eine kurze Hose angezogen, ein buntes Muskelshirt und bin durch die Straßen gegangen. Es war toll, die Griechen waren so nett und freundlich, keiner hatte ein Problem mit meinem Auftreten. Die ersten sechs Tage vergingen wie im Rausch."

Sasha erlebte ein Gefühl von Freiheit, wie er es noch nie in seinem Leben erspürt hatte. Und tatsächlich war er ganz frei – auch in seiner Entscheidung, wohin er jetzt in Europa wollte. Es war der Spätsommer 2015. Alle Grenzen waren gerade weit offen, Flüchtlinge konnten reisen, wohin sie wollten. Sasha hatte auch noch etwas Geld, lange Fußmärsche konnte er sich sparen. Von Athen bis Wien brauchte er nur 38 Stunden. Die meisten Geflüchteten waren damals Wochen auf dieser Strecke unterwegs.

„In Wien habe ich mich gleich verliebt. Ganz toll. Aber ich dachte, vielleicht auch langweilig. Aber die Metropole ist nicht langweilig. Das habe ich erst verstanden, als ich nicht mehr da war."

Der Junge ist so schwul, der bekommt bestimmt schnell einen Bescheid.

Sasha hatte während seiner Reise durch Europa noch nirgends seinen Fingerabdruck hinterlassen. Sein Glück: Hätte eine Landespolizei seinen Abdruck genommen, wäre dieses Land auch für seinen Asylantrag zuständig gewesen. Früher oder später wäre er dann in dieses Land zurückgeschickt worden. So konnte er überall hin. Kopenhagen, Paris und die Niederlande schwirrten Sasha durch den Kopf. Doch die Leute, mit denen er in einer Gruppe unterwegs war, wollten nach Kiel.

„Da habe ich mir gesagt: Von Kiel nach Kopenhagen ist nicht weit. Also auf nach Norddeutschland."

Bis nach Norddeutschland haben sie es auch geschafft. Doch sie haben sich verirrt, sind zu früh aus der Bahn ausgestiegen und nachts in Harburg, einem Stadtteil im Süden Hamburgs, gestrandet. An einem besonders hässlichen Bahnhof im Nirgendwo. Zweckbauten, Industriebrache und keine Menschenseele. Sie wussten nicht, wie sie von dort aus weiter nach Kiel kommen sollten.

„Am nächsten Tag haben wir dann den Tipp bekommen, wo

wir uns schnell registrieren können. Das hatte auch gut geklappt. So bin ich nach Hamburg gekommen und geblieben."

Sasha wurde zunächst in einem Sammellager untergebracht. Ein ehemaliger Baumarkt in einem Randbezirk.

„Eine Katastrophe. Meine Haare waren gefärbt, ich hatte Nagellack drauf, meine Augenbrauen waren, sagen wir mal, auffällig gestaltet. Natürlich haben mich alle angeschaut. Und dort waren viele schlimme Leute. Ich habe gleich im Büro gesagt, dass ich schwul bin, und dass es Probleme geben wird. Aber es war ihnen egal, sie haben es auch nicht aufgeschrieben. Die Mitarbeiter vor Ort dachten wahrscheinlich: Der Junge ist so schwul, der bekommt bestimmt schnell einen Bescheid, dass er nicht zurück nach Syrien muss. Aber niemand bekam damals einen schnellen Bescheid.

Der erste Monat war okay, der zweite ging so, der dritte war schlimm: Alle Leute kannten mich nun. Ich hatte mich angepasst, meine Haare kurz geschnitten. Ich wollte nicht so sehr auffallen, mich aber auch nicht verleugnen! ‚Bitte guckt nicht mehr' – das habe ich irgendwann die ganze Zeit gedacht. Aber es hat nicht funktioniert. Eine Gruppe muslimischer Männer hat mich immer wieder bedroht, versucht mich anzufassen. Ich wollte Abstand halten. Aber wie sollte das gehen, wenn man auf so engem Raum zusammenwohnt? Einer war besonders laut. Allen Leuten im Sammellager hat er erzählt, dass er mich vergewaltigen will. Er wollte Sex mit mir, weil seine Religion es ihm verbietet, vor der Ehe Sex mit einer Frau zu vollziehen. Im Sozialbüro sagte ich, dass ich mein Land verlassen habe, weil ich schwul bin und diskriminiert wurde. Jetzt ist es hier genau dasselbe. Es ist sogar noch schlimmer. Hier finde ich konservative, sehr religiöse Leute mit mir in einer Halle. Diese Menschen hassen Schwule."

Natürlich stellt sich mir bei solchen Geschehnissen die Frage, wann derart homophobe Flüchtlinge in Deutschland integriert sein könnten.

„Nach 20 Jahren, wenn überhaupt", da ist Sasha ganz Pessimist. Er meint mit dieser zeitlichen Einschätzung nicht nur ihr Verhältnis zu Schwulen, er spricht auch von den Werten und Normen in Deutschland, die diese Menschen lange Zeit – oder gar nicht – teilen werden.

„Ich habe in Syrien mit Moslems zusammengelebt. Ich kenne ihre Religion und den Umgang mit ihr sehr genau. Als Außenstehender, der täglich mit ganz unterschiedlichen Moslems über zwei Jahrzehnte zu tun hatte, habe ich dazu eine Meinung: Die Muslime haben große Angst, ihre Kultur zu verlieren. Viele denken, die Europäer oder die Amerikaner wollen ihnen ihre Kultur wegnehmen. Sie haben Angst um ihre Traditionen. Das ist doch dumm. Der Islam ist eigentlich eine einfache Religion. Doch die Moslems machen sie sich unnötig kompliziert."

„Ich bin zum ersten Mal in meinem Leben in einer Stadt, der ich mich zugehörig fühle."

Sasha verließ das Camp. Er flüchtete wieder, das hoffentlich letzte Mal in seinem Leben. Ein Freund in Lemgo nahm ihn bei sich auf. Doch das hätte für Sasha böse Folgen haben können. Denn Flüchtlinge müssen in dem Bundesland bleiben, in dem sie gemeldet sind. Es herrscht eine als Residenzpflicht bezeichnete Regel. In seinem Fall hätte er also Hamburg nicht verlassen dürfen. Mögliche Folgen: die Aberkennung aller Geldleistungen. Und, das lässt sich nur vermuten, schlechtere Chancen im Asylverfahren. Schließlich zog Sasha nach Hamburg zurück. Er bekam Kontakt zu einem schwulen Beratungszentrum. Betreuer von dort nahmen ihn zunächst privat auf. Nach einigem Hin und Her, von Schlafsofa zu Schlafsofa, hatten die Helfer eine Wohnung für Sasha gefunden. Anderthalb Jahre wohnt er nun dort, ist glücklich in dieser schönen, kleinen Wohnung.

Mitte 2016 hat er dann seine Anerkennung als Flüchtling erhalten. Es wurde für ihn nun noch leichter, endlich auch finanziell. Bekam er vorher nur ein Taschengeld, ist es jetzt die übliche Grundsicherung, mit der er auch auskommt.

„Doch ich möchte schon bald auf eigenen Beinen stehen. Gerade mache ich noch einen weiteren Deutschkurs. Danach ist mein Deutsch gut genug – dann werde ich eine Arbeit finden."

Seine Abschlüsse in Syrien hat er gerade anerkannt bekommen. Wieder hatte er Glück, denn solche Anerkennungen sind in Deutschland keine Selbstverständlichkeit.

Nun, es ist der Hochsommer 2017, konzentriert sich Sasha auf die Arbeitssuche. Er macht fleißig Praktika im Mode- und Grafikdesign, studiert undercover, ohne offizielle Anmeldung, an einer Kunsthochschule. Und er genießt das Leben.

„Ich bin Hamburger" sagt er voller Stolz. „Ich bin zum ersten Mal in meinem Leben in einer Stadt, der ich mich zugehörig fühle. Vielleicht bin ich noch kein Deutscher, aber ich bin auf jeden Fall schon als Hamburger – aus vollem Herzen. Wenn ich mal woanders bin und zurückfahre, dann sage ich mir: Ich komme nach Hause. Das war noch nie in meinem Leben so. Nie habe ich dieses Gefühl erlebt. In Syrien haben viele Menschen Probleme mit ihrer Identität. Viele fühlen sich nicht als Syrer, wie schade. Ich glaube, das hat viel mit unserer Politik zu tun. Es gibt unzählige Menschen, die die Regierung hassen. Und wir konnten nie eine andere wählen."

In Syrien herrscht seit über 50 Jahren, nach einer gewaltsamen Machtübernahme, die Baath-Partei. Eine Diktatur, in der sich ein Zugehörigkeitsgefühl zu diesem Staat für viele Menschen nicht aufbauen lässt. In rasender Geschwindigkeit ist Sasha das mit Hamburg gelungen. Die Identifikation mit seinem Selbst hinkt dagegen noch etwas hinterher.

„Ich fühle mich immer noch als Junge. Ich sehe mich, auch mit

28 Jahren, nicht als Mann. Am schönsten ist es für mich, wenn mich die Leute einfach als coolen Jungen sehen. Das ist derzeit eine große Herausforderung in meinem Leben: zu akzeptieren, dass ich ein Mann bin."

Eine Herausforderung, die er hier in Deutschland meistern wird, so mein Eindruck. All die Probleme, die Zwänge, die Behauptungsmechanismen, die Zwischenrollen, in denen er sich in Syrien befand, existieren für ihn nicht mehr. Auch die Phase, in der er sich für einen Transsexuellen gehalten hat, liegt hinter ihm. Die Hindernisse, die ihn davon abgehalten haben, sich als schwulen Mann von inzwischen 28 Jahren zu begreifen, scheinen überwunden.

Die unliebsame Rolle, in die sich Sasha die meiste Zeit seines Lebens gefangen sah, hat er ganz weit zurückgelassen: Die „Cinderella" will und wird er nie wieder geben müssen. Viel mehr erinnert sein Hier und Jetzt an einen Schlager. Helene Fischer hat einmal die Geschichte von „Alice im Wunderland" besungen – mit diesen Zeilen:

„Alice im Wunderland, die ihre Hoffnung wieder fand.
Ganz neue Wege, ihre Seele tanzt sich frei, frei, frei.
Das ist ihr Leben, ihre Sehnsucht, ihr Gefühl.
Es zählt nur, was sie will."

Zusammenwohnen mit Geflüchteten

Bei Klaus Maresch und seinem Mann wohnen zwei schwule Flüchtlinge. Beide aus dem Irak, beide Mitte 20. Der erste zog während des Flüchtlingstrubels im Herbst 2015 ein, der andere folgte ein knappes halbes Jahr danach. Die Geflüchteten teilen sich eine Wohnung samt Bad und Küche. Im Haus befindet sich außerdem das „Bundesamt für magische Wesen". Klaus leitet diese „oberste Bundesbehörde mit Zuständigkeit für die magische Bevölkerung". Natürlich ist das Satire. Die nicht besser zur Stadt Bonn passen könnte. Neben seiner „Arbeit" im Amt schreibt Klaus gerade an seinem fünften schwulen Fantasy-Roman (unter dem Pseudonym Hagen Ulrich).

Wie ist es zu der Entscheidung gekommen, schwulen Flüchtlingen unter eurem Dach ein Zuhause zu geben?

Wir wohnen hier seit 17 Jahren. Vor einiger Zeit ist unsere Vermieterin gestorben, und wir haben von den Erben das Haus gekauft. Es war Platz, dort oben wohnte vorher die alte Dame. Wir überlegten also, wen wir uns ins Haus holen wollen. Man lebt hier sehr eng nebeneinander, beinahe familiär. Hier kann man sich nicht aus dem Weg gehen, hier muss man Dinge zusammen erledigen. Da ich vor langen Jahren Politik und Orientalistik studiert hatte, habe ich einen Zugang zur arabischen Kultur. Als dann das mit den Flüchtlingen so richtig losging, stand fest: Da können und wollen wir helfen.

Als schwules Ehepaar lag dann die Entscheidung nahe, euch um schwule Flüchtlinge zu kümmern.

Ja, außerdem hatte ich früh mitbekommen, dass besonders die schwulen Geflüchteten in den großen Camps viele Probleme haben. Wir haben dann über diverse Kanäle unser Angebot gestreut. Witzigerweise waren die ersten Bewerber ein schwules Salafistenpärchen. Man glaubt ja gar nicht, dass es so etwas gibt. Ein ganz schräger Nachmittag. Der eine aus Kirgisien, der andere sein tunesischer Freund. Sie glaubten an die haargenaue Auslegung des Korans. Wir hätten nicht einmal Nein gesagt. Ich hätte mir zugetraut, damit umzugehen. Aber die beiden haben dann woanders etwas gefunden.

Wäre natürlich eine gewisse Aufgabe gewesen, deren Haltung aufzubrechen und zu integrieren.

Besonders erstaunlich war natürlich ihr Verhältnis zur Homosexualität. Strenge Koranauslegung und ihr eigenes Schwulsein konnten sie nicht wirklich unter einen Hut bekommen. Sie sagten, ihr Verhältnis würde andere ja nichts angehen. Eine doppeldeutige und heuchlerische Sicht, die wir dann aber nicht weiter diskutiert haben. Es ist eben ein Merkmal aller religiösen Fanatiker, dass sie bestimmte Sachen ausklammern. Sie können es für sich nicht auflösen, deswegen müssen sie ein paar Dinge aus ihrem Blick nehmen.

Aber auch nach den Salafisten wurde die Suche nicht wirklich einfacher.

Das war eine ganz schöne Odyssee. Eine Zeitlang, in Kontakt mit diversen Behörden, kam es mir so vor, als wenn das gar nicht erwünscht sei. Es fühlte sich niemand zuständig, obwohl es auch öffentliche Aufrufe gab, privaten Wohnraum zur Verfügung zu stellen – von genau diesen Behörden, die sich dann nicht zuständig fühlten. Ich sagte am Telefon immer fleißig mein Sprüchlein auf, das, was wir anzubieten haben, wurde immer weitergegeben und landet schließlich beim Pressesprecher des Bundesverteidigungsministeriums. Hübsche Anekdote am Rande: Der fragte mich schließlich, ob wir nicht auch zwei schwule Soldaten aufnehmen könnten. 'Im Prinzip ja', antwortet ich. Dann mussten wir beide herzlich lachen.

Wochen später dann die nächste überraschende Entwicklung. Es standen drei Leute von der Stadtverwaltung Bonn bei uns im Haus. Die hatten die fixe Idee, hier ein halbes Flüchtlingsheim draus zu machen. Eine Art Durchgangsstation, wofür sie uns einen Hausmeister und einen Sozialarbeiter zur Verfügung gestellt hätten. Ich sagte, wir brauchen keinen Hausmeister, notwendige Reparaturen erledigen wir selber. Und überhaupt wollen wir eigentlich nur ein oder zwei schwule Flüchtlinge.

Wie sind die beiden denn schlussendlich zu euch gekommen?

Letztlich nicht über die Behörden. Der erste hatte sich bei der Aidshilfe erkundigt, ob die dort eine Idee hätten, wie er aus dem schrecklichen Flüchtlingsheim rauskommen könnte. Irgendwann zog er dann, zunächst auf unsere Kosten, hier ein. Es war schön zu erleben, wie er zur Ruhe kam und aufblühte. Wir hatten hier zuerst ein verschüchtertes und verängstigtes Häschen sitzen. In den Monaten vor seinem Einzug hatte er häufig auf Parkbänken übernachtet, weil er sich nicht in die Unterkunft zurückgetraut hatte.

Die Suche nach dem Mitbewohner haben wir dann weitestgehend ihm überlassen. Zwei Männer Mitte 40 holen sich einen jungen Mann ins Haus – da kommen natürlich gewisse Ideen auf. Auch das ein Grund, weshalb wir ihm die Suche nach seinem zukünftigen Mitbewohner anvertraut haben.

Wir haben dann auch an beide einen Brief geschrieben und diesen ins Arabische übersetzt: unsere Gedanken, unsere Erwartung und was wir leisten können. Da stand dann auch drin, dass es hier keine Gegenleistungen zu erbringen gibt. Es gibt ja solche widerlichen Fälle. Wir wollten einfach nur helfen.

Gibt es auch mal Probleme, weil die beiden aus einem anderen Kulturkreis kommen?

Eigentlich gar nicht. Wir haben es hier nicht mit zwei total überzeugten Moslems zu tun. Die haben zu ihrer Religion genau das gleiche Verhältnis, was hier im Rheinland der Durchschnittschrist zu seiner Religion hat.

Eine witzige Sache: Sie haben uns unserer Kultur nähergebracht. Obwohl Moslem, hat der Jüngere von beiden schon im Irak immer fleißig die Häuser von Freunden, Bekannten und Verwandten mit Weihnachtsschmuck verziert. Als er dann hier eingezogen war, kamen wir auch nicht drum herum: Es wurde alles geschmückt. Das war das Erste, was er tun wollte. Zum ersten Mal, seitdem wir hier wohnen, hatten wir dann einen Weihnachtsbaum stehen. Er wollte unbedingt einen haben.

Da musste also erst ein Moslem ins Haus kommen ...

Richtig, zum Erstaunen unserer Nachbarn. Die kannten das gar nicht von uns. Ein Jahr später haben wir dann richtig zugeschlagen und das ganze Haus mit 16.000 LEDs illuminiert. Ein großer Spaß.

Wo wir bei den Nachbarn sind: Gab's da Probleme?

Nein, absolut nicht. Wir haben aber vorher mit den Nachbarn gesprochen und ihnen erzählt, wer hier einziehen wird. Der erste, der dann eingezogen war, ist ein kleiner Sonnenschein und grüßt immer ganz freundlich. Er strahlt dann über das ganze Gesicht. Es ist ziemlich unmöglich, vor ihm Angst zu haben. Ganz schnell kamen dann die Hilfsangebote – von wegen: der Junge bräuchte doch noch ... hat er denn noch nicht'.

Im Vorgespräch hast du mir erzählt, dass du große Probleme mit rechtem Pöbel hattest. Weil die Jungs hier wohnen?

Ich kann es nicht beweisen, aber der zeitliche Zusammenhang ist schon auffällig. Als wir mit dem Einzug der beiden ein wenig an die Öffentlichkeit traten, gingen die Probleme los. Unsere Autorengruppe „Bundesamt für magische Wesen“ hat 17.000 Fans auf Facebook – die haben wir informiert. Danach haben dann regionale Medien darüber berichtet, dass wir schwule Flüchtlinge beherbergen. Und dann ging es los. AfD-Sympathisanten schickten böse Kommentare; auch ein Geschäftspartner, den ich im Rahmen meiner Imkertätigkeit kenne, unterstellte mir, ich würde zur Islamisierung und Einführung der Scharia aufrufen.

Ich hatte bis vor kurzem einen Berufsimkereibetrieb. 35 Jahre lang, von Kindesbeinen an gemeinsam mit meinem Vater. Und dort wurde dann siebenmal eingebrochen. Sie stiegen aufs Dach, zerstörten das Dach, schlugen alles kurz und klein, schmierten Hakenkreuze an die Wände. Das ging mir natürlich ziemlich unter die Haut. Es hat mich eine Zeitlang sogar außer Gefecht gesetzt. Im Oktober 2016 habe ich dann die Reißleine gezogen und den Betrieb geschlossen. Ich konnte nicht mehr, hatte Panikattacken, konnte nicht mehr Auto fahren. Ich wünsche solche Erfahrungen niemanden, nicht einmal einem AfD-Mitglied.

Nachdem der Betrieb geschlossen war, ging es mir wieder sehr viel besser. Ich habe dann beschlossen, mich dem entgegenzustellen. Unsere Gesellschaft geht an so einem Hass kaputt! Das möchte ich nicht, deshalb stelle ich mich diesen Hetzern entgegen! Die Rechten konnten mir meinen Betrieb kaputt machen – aber sie können mir nicht den Mund verbieten. Unsere Autorengruppe hat dann auch an Demonstrationen gegen den AfD-Parteitag in Köln teilgenommen. Innerhalb von drei Tagen hatte ich auf unserer Facebook-Seite 1.600 Kommentare. Ganze zwei davon waren von Leuten, mit denen man sich unterhalten konnte.

Setzt du dich auch direkt mit Rechten, die Gesprächsbereitschaft signalisieren, zusammen und auseinander?

Gerade gestern hatte ich hier im Bundesamt für magische Wesen ein altes Ehepaar sitzen. Die fragten, was das hier ist. Wir saßen dann eineinhalb Stunden im Garten zusammen. Der 82-jährige gab sich dabei als AfD-Sympathisant zu erkennen. Wir haben verschiedene Punkte durchdiskutiert. Seine Frau war ganz anderer Ansicht als er. Er kam aus der deutsch-nationalen Ecke, wir haben aber trotzdem ein ruhiges und höfliches Gespräch geführt. Er hatte immerhin erkennbar keine Probleme damit, dass er sich hier in einem Haus zusammen mit zwei schwulen Flüchtlingen und einem schwulen Ehepaar aufhält. Wir konnten über viele Dinge reden, ohne uns die Schädel einzuschlagen. Er war über meine bisherigen Erfahrungen mit rechten Leuten furchtbar betroffen und es tat ihm unendlich leid.

Aber das ist nur mit einem sehr geringen Teil dieser Leute möglich, wenn man sich entsprechende Facebook-Kommentare bei euch durchliest.

Richtig. Ich habe das auf dem Weihnachtsmarkt ganz real erlebt. Wir haben dort einen kleinen Stand. An einem Nachmittag kam der Jüngere unserer Jungs ganz stolz mit einem Sprachzertifikat vorbei. Er hatte mit 95 von 100 Punkten bestanden – wirklich eine tolle Leistung. Neben ihm stand zufällig eine Frau, die dann anfing, Propaganda für die AfD zu machen. Sie sagte wörtlich und dem Jungen ins Gesicht: 'Wenn Merkel seinerzeit Soldaten an die Grenze geschickt und den Schließbefehl gegeben hätte, dann wäre sowas wie er gar nicht erst da.' Ich habe ihr dann Standverbot erteilt. Doch es hörte nicht auf. Das letzte Mal, dass ich mich geprügelt habe, war in der 5. Klasse. Aber diese Frau, die mir eindeutig körperlich unterlegen gewesen wäre, sprühte weiter vor Hass. Sie hörte nicht auf und ging nicht. Ich sagte dann: 'Wenn sie jetzt nicht gehen, dann haben wir beide ein Problem. Sie ein gesundheitliches und ich ein juristisches.' Ich habe mich im selben Augenblick für diese Aussage gehasst. Wie konnte ich mich so weit treiben lassen? Warum wurde ich aggressiv, warum habe ich gebrüllt? Ich war wirklich kurz davor, sie zu schlagen. Gott sei Dank ging sie dann. In der dann folgenden, schlaflosen Nacht hatte ich immer wieder diese Situation vor Augen: Was ist das für ein Hass, für ein unberechtigter Hass gegenüber einem Jungen, der sich weiß Gott nichts zu Schulden hat kommen lassen. Der sich bemüht, alles richtig zu machen. So einem Jungen, nur weil er ein Flüchtling ist, den Tod an den Hals zu wünschen, ist widerlich. Wenn man so eine Situation dann einigermaßen verdaut hat, motiviert mich das nur umso mehr, mich diesem rechten Dreckspack entgegenzustellen.

Mit dieser Geschichte soll unser Gespräch aber nicht enden. Was ist denn so ein schöner Moment, den ihr mit einem der beiden erlebt habt?

Für den einen ist es typisch, dass er vor jeder Prüfung große Angst hat. 'Ich schaffe das nicht ... dann muss ich ins Flugzeug ... die schicken mich nach Hause'. So etwas sprudelt dann immer aus seinem Mund. Später kommt er dann kleinlaut an und gehört mit seinen Prüfungsergebnissen zu den besten. Jedesmal das Gleiche. 'I don't know' sagt er dann immer vor so einer Prüfung. Und wir antworten dann immer 'But we do'.

„Irgendwann möchte ich hier irgendwo in einem Haus wohnen. Mit einem Hund. Und einem Ehemann.“
Mustafa, 26, aus dem Irak

„Ich erinnere mich noch ganz genau an den Tag, an dem der IS nach Mossul kam. Wir saßen in der Uni und haben an unseren Prüfungen zum Semesterabschluss geschrieben. Während ich über meinen Aufgaben brütete, kesselte das Terrorregime die Stadt ein. Als wir um 12 Uhr aus dem Vorlesungssaal kamen, wussten wir allerdings von nichts. Ich sah Soldaten, die Armee, nichts war mehr so wie am Morgen. Die Welt um mich herum hatte sich während der Prüfung komplett geändert.“

Mossul, die zweitgrößte Stadt des Irak, fiel am 10. Juni 2014 in die Hände der Terroristen. Kaum ein Bewohner hatte damit gerechnet – der Angriff kam völlig überraschend. Die Besetzung war für den IS von großer Bedeutung: Nie zuvor hatten die Terroristen eine größere Stadt einnehmen können. Bis zur kompletten Rückeroberung im Juli 2017 mussten die Bewohner dem radikalen Regelwerk der Islamisten folgen. Für Andersgläubige, Behinderte oder auch Schwule muss diese Zeit die Hölle auf Erden gewesen sein. So sie die letzten drei Jahre überhaupt überlebt haben ...

Mustafa war 23 Jahre alt, als er in der Uni saß und sich Frieden in Krieg verwandelte.

„Ich wohnte mit meinen Eltern etwas außerhalb von Mossul. Doch der IS hatte einen Ring um die Stadt gezogen. Ich konnte nicht mehr nach Hause. Ich bin daher zu meiner Großmutter gegangen. In der Nacht begann schließlich der laute Krieg: die Soldaten des Irak gegen den IS. Wir sahen in den Nachrichten, wo die Fronten verliefen. Ich konnte es nicht glauben. Der IS war zwar schon lange in Syrien. Aber wie konnten sie im Irak die Macht ergreifen? Wir hatten eine starke Armee!“

Die Kämpfe wurden immer heftiger. Der Krieg hörte nicht auf. Mustafa konnte bald nicht mehr mit seinen Eltern telefonieren – der IS hatte alle Verbindungen gekappt.

„An einem Morgen um vier Uhr erreichte mich ihre letzte Nachricht – sie sagten, ich müsse irgendwie die Stadt verlassen. Ich packte alle meine Sachen, die ich bei meiner Oma hatte, zusammen und machte mich auf den Weg."

„In diesem Moment sagte mir meine innere Stimme: Du wirst deine Heimatstadt nie mehr wiedersehen."

Als er Mossul verlassen wollte, musste Mustafa durch eine Kontrolle des IS. Er sollte aus dem Auto aussteigen. Dann wollten sie sein Handy. Der junge Mann sah sein Ende gekommen, denn auf seinem Telefon hatte er Bilder von sich und seinem festen Freund. Er war sich sicher: Diese Bilder würden ihn verraten.

„Ein ausländischer IS-Kämpfer durchsuchte mich. Ich gehe davon aus, dass er Kanadier war. Er hatte sich die kanadische Flagge in den Nacken tätowieren lassen, und sein Englisch klang ebenfalls entsprechend. Er sagte zu mir: 'Gib mir dein Mobiltelefon.' In dem Moment ging das Handy aus. Ich hatte es vorher aufgeladen. Es war mir unbegreiflich, wie das passieren konnte. Davor und danach lief es einwandfrei. Er sagte: 'Warum hast du es ausgestellt, mach es wieder an.' Ich sagte, dass ich es nicht ausgestellt habe. 'Es funktioniert einfach nicht.' So war es ja auch. Ich wurde eine Stunde lang verhört, weil sie dachten, etwas stimmt nicht. Ein weiterer IS-Mann kam in den Verhörraum und sagte, ich könne gehen. Ich kann bis heute nicht verstehen, warum ich so viel Glück hatte. Erst die Geschichte mit dem Handy, dann, dass ich frei kam. Im Nachbarraum wurde eine christliche Familie festgehalten. Sie haben ihnen alles gestohlen. Ich glaube, die IS-Leute haben sich auf dieses Verhör konzentriert. Ich war gerade einfach nicht so wichtig für sie.

Als ich wieder im Auto saß und losgefahren war, sah ich Mossul im Rückspiegel. In diesem Moment sagte mir meine innere Stimme: Du wirst deine Heimatstadt nie mehr wiedersehen. Alle Leute meinten dagegen: In einem Monat sei der IS wieder weg. Aber etwas in mir wusste, dass es nicht so sein wird."

Jetzt, drei Jahre nach der Machtübernahme und wenige Tage nach der fast vollständigen Rückeroberung, ist klargeworden: Mustafa wird seine Heimat tatsächlich niemals wiedersehen. Denn sie wurden in weiten Teilen von den Terroristen zerstört. Die Stadt wird nie wieder so sein, wie sie einmal war. Als deutsche Journalisten im Juni 2017 zum ersten Mal aus der Stadt berichteten, trug die Foto-Reportage den Titel: 'Bilder aus der Hölle'. Bis zu 80 Prozent West-Mossuls gelten als zerstört.

Mustafa flüchtete in die Türkei. Neun Monate blieb er dort.

„Ich wollte abwarten, ob Mossul nicht vielleicht doch vom IS befreit wird. Aber das ist nicht passiert. Ich begann, Geld zu sparen und mich mit dem Gedanken zu befassen, nach Deutschland zu gehen. Ich habe im Internet recherchiert. Mir hat besonders gefallen, dass in Deutschland das Einhalten von Menschenrechten einen hohen Stellenwert genießt. Der erste Satz im Grundgesetz lautet schließlich: 'Die Würde des Menschen ist unantastbar.' Das hat mich sehr beeindruckt.

In Mossul wurde alles noch viel schlimmer: Sechs Monate, nachdem ich die Stadt verlassen hatte, ermordete die Terroristen meinen Freund. Es ist unvorstellbar, als Schwuler in einer Stadt zu wohnen, die vom IS besetzt gehalten wird. Das war eine ganz schlimme Situation für mich. Ich bin ins Krankenhaus gefahren, da ich nicht wusste, wie ich den Verlust verarbeiten konnte: mein Freund tot, die Familie weit weg, ich ganz allein. Mein Leben war nur noch ein Nichts. In jedem Mann mit Bart sah ich zu der Zeit einen IS-Kämpfer. Ich hatte das Gefühl, alle gehörten zum IS. Ein guter Psychiater hat mir in dieser Situation sehr geholfen."

Mustafa wurde klar: Ein Leben in der Heimat wird nicht mehr möglich sein. Ein Leben in der Türkei, ein weiteres Abwarten, war sinnlos geworden.

„Mit der letzten Kraft, die ich noch hatte, bin ich in ein Boot gestiegen. Mir war es aber fast egal, ob ich in Europa ankommen oder ertrinken würde."

Er kam an, hatte aber noch eine lange Odyssee vor sich, was er zu dem Zeitpunkt glücklicherweise nicht ahnen konnte. Der Weg von Griechenland nach Deutschland wäre im Spätsommer 2015 kein Problem mehr gewesen. Doch es war Frühsommer, Mai, die Polizisten der Transitländer hatten die Migrationsbewegungen noch weitestgehend unter Kontrolle.

„Zunächst aber war ich in Griechenland noch eine Woche im Krankenhaus. Das Boot war gekentert, ich hatte sehr viel Meerwasser im Magen. Irgendwann ging es wieder. Ich wurde entlassen und habe mich auf den Weg gemacht. Bis nach Bulgarien bin ich gekommen. Dort wurde ich zwei Wochen lang gefangengehalten. Ich bekam jeden Tag lediglich einen Liter Wasser, eine Dose Tunfisch und drei Stückchen Toast. Wobei ich Tunfisch nicht essen kann, mir wird schlecht davon. Sie sagten, dass wir uns in Bulgarien registrieren lassen müssen. Ich wusste: Wenn ich das tue, werde ich nicht in Deutschland leben dürfen. Ich habe mich also geweigert, meine Fingerabdrücke abzugeben."

„In Serbien war die Polizei endlich einmal gut zu mir. Aber das hatte einen Grund: Ich bezahlte sie dieses Mal dafür, freundlich zu mir zu sein."

„Ich war in einer größeren Flüchtlingsgruppe unterwegs und in dieser der Einzige, der Englisch sprechen konnte. Daher sollte ich für die Polizei übersetzen. Wenn nicht, würden sie mich schlagen, sagten mir die bulgarischen Polizisten. Gleich nach dieser Drohung brachten sie mich in einen dunklen, fensterlosen Raum. Eine Art Arrestzelle. Nach einigen Stunden bekam ich große Angst. So zwangen sie mich zu übersetzen. 15 Stunden am Tag. Von 5 Uhr morgens bis 20 Uhr abends."

Während der Übersetzungen fiel Mustafa einem jungen Polizisten ins Auge. Dazu muss man wissen, dass der Iraker durchaus als attraktiv zu bezeichnen ist. Er weiß außerdem, wie man sich eloquent und charmant ausdrückt. Das hat wohl das Herz eines offenbar der Männerwelt zugeneigten Polizisten getroffen.

„Auf jeden Fall hat er mich wohl sehr nett gefunden. Er sagte, er würde mir zusätzliches Essen bringen. Und er hat mich sehr häufig angelächelt. Ich denke, er war schwul. Vielleicht aber auch der einzige Polizist, der ein bisschen Menschlichkeit in sich trug. Jeden Tag besuchte er mich."

Er war für Mustafa der einzige Lichtblick.

„Ich hoffe, dass ich ihn irgendwann einmal wiedersehen werde. Es hieß, sie würden mich vor Gericht bringen. Ich hätte keine Papiere und würden mich deshalb drei Jahre ins Gefängnis stecken. Ich könne dem nur entkommen, wenn ich zurück nach Griechenland ginge. Nachdem sie mir sechs Stunden Handschellen angelegt hatten, willigte ich ein."

Zurück in Griechenland – wo er nach dem Gesetz höchstens einen Monat hätte bleiben dürfen – machte er sich gleich wieder auf den Weg. Von Mazedonien über Serbien kam er dieses Mal immerhin bis nach Ungarn; und wurde erneut von der Polizei verhaftet. Elf Tage verbrachte er im Gefängnis.

„Was ich nicht verstehe: Bulgarien und Ungarn gehören zur Europäischen Union. Warum existieren in diesen Ländern keine

Menschenrechte? Ich sehe nicht, dass dort Menschenrechte eine Rolle gespielt haben. Sie sind auch mit vielen anderen Flüchtlingen genauso schlecht umgegangen wie mit mir. Mitten in Europa!"

Auch in Ungarn wehrte er sich erfolgreich gegen eine Registrierung. Die Folge: Er wurde zurück nach Serbien geschickt.

„In Serbien war die Polizei endlich einmal gut zu mir. Aber das hatte einen Grund: Dieses Mal bezahlte ich sie dafür, freundlich zu mir zu sein."

Er versuchte es ein weiteres Mal über Ungarn. Und wurde wieder verhaftet. Jetzt aber wieder in einer Flüchtlingsgruppe, in der er abermals der einzige war, der der englischen Sprache mächtig war.

„Ich sollte wieder übersetzen. Doch dieses Mal gab es ein Problem: Ich sollte für Geflüchtete übersetzen, die nicht meine Muttersprache konnten. Das ging natürlich nicht. Dann gaben uns die Polizisten per Handzeichen zu verstehen, was wir tun sollten: unser ganzes Geld auf den Tisch legen. Sie würden uns dafür weiterlaufen lassen. Ich hatte noch 50 Euro und legte sie hin. Eine Frau gab fünf Euro dazu, eine andere zwei. Sie wollte aber mindestens 150 Euro von uns haben. Unruhe machte sich breit. Dann passiert etwas Unerwartetes: Die ganze Gruppe bestand aus Frauen. Und einem Schwulen, mich. Alle Frauen fingen im selben Moment an zu weinen. Die Polizisten waren verwirrt und irritiert. Die Situation überforderte sie. Ich tat dann doch so, als wenn ich die Frauen ein bisschen verstehen könnte. Sie sprachen ohnehin auf mich ein – wobei ich aber kein einziges Wort verstand. Dennoch ergriff ich die Chance und habe mir rührende Familiengeschichten ausgedacht. Ich erzählte von gefolterten und ermordeten Kindern. Nach einer halben Stunde wilder Erzählungen und Mark erschütternder Heularien ließen sie uns frei."

„Nach einem Islamisten und einem Drogendealer auf dem Zimmer hatte ich auch noch einen Lover im Camp. Das war alles sehr surreal."

Seine Mundwinkel erheben sich zu einem breiten Grinsen. Das war damals nicht nur der wichtigste Moment seiner Flucht durch Europa. Es hat ihm augenscheinlich auch diebisch gefallen, was die Frauen da veranstaltet haben. Und was er geistesgegenwärtig aus der Situation gemacht hat.

Endlich in Deutschland angekommen, war er zunächst in Augsburg, kam dann über Dortmund und Essen in ein Kaff nahe Köln.

„Im Camp schlief ich in einem sehr kleinen Raum zusammen mit zwei anderen Männern. Der eine war Islamist, der andere Drogendealer. Entweder hieß es, ich solle Drogen verkaufen. Oder ich solle in die Moschee gehen und andauernd beten. Die machten mich verrückt."

Er ging zur Campleitung und bat um Verlegung. Natürlich erfolglos.

„Sie sagten mir: ‚Du bist hier nicht im Hotel und kannst dir nicht aussuchen, wo du wohnen möchtest.'"

Der Irrsinn im Camp ging dann auf unverhoffte Weise weiter:

„Als ich nur mit Handtuch um die Hüften zu den Duschen ging, sprach mich ein Mann auf mein Sixpack an. ‚Ich mag das, komm doch nach dem Duschen bei mir vorbei.' Nach einem Islamisten und einem Drogendealer hatte ich auch noch einen Lover im Camp. Das war alles sehr surreal."

Schließlich vertraute er sich einer für ihn zuständigen Sozialpädagogin an. Die hat erst gelacht und sich dann als Lesbe geoutet. Helfen konnte sie ihm allerdings auch nicht.

Danach klapperte Mustafa die Nachbarstädte im Rheinland ab und suchte aktiv nach einer neuen Bleibe.

„Als mir erzählt wurde, da hätte jemand in Bonn eine Wohnung für mich, konnte ich es nicht glauben. Ich traf dann Klaus. Den Klaus, den du gerade vor mir interviewt hast. Ich war ein bisschen schüchtern. Nein, ich war total schüchtern. Er fragte mich, warum ich geflüchtet bin. Ich konnte das damals noch nicht richtig über die Lippen bringen. Erst später, bei der Anhörung, zu der mich Klaus begleitet hatte, bekam er erstmals meine Geschichte so richtig mit. Du bist jetzt der zweite, dem ich alles erzähle. Und bald wissen es noch viel mehr Leute, wenn sie das Buch lesen."

In diesem Moment wirkt er sehr erleichtert und gelöst auf mich. Es tut ihm sichtbar gut, alles zu erzählen. Auch in der Gewissheit, dass bald viele seine Geschichte kennen werden. Fast habe ich das Gefühl, es geht hier um eine Befreiung von einer Last. Immer schneller sprudelt es aus ihm heraus.

„Am Ende des Gesprächs wirkte Klaus etwas geschockt. Er sagte mir, dass er sich telefonisch bei mir melden würde. Ich hatte das Gefühl, er würde sich nie mehr melden. Und mich erst recht nicht bei sich aufnehmen. Ich dachte, ich hätte ihn verschreckt. Aber schon bald kam der Anruf, dass er mich ein zweites Mal sehen möchte. Wir gingen in ein Restaurant, er hatte seinen Mann mitgebracht. Ich fragte nicht, wer das ist, aber ich bin ja nicht blöd und habe mir meinen Teil gedacht."

Großes Gelächter.

„Als er dann aber das erste Mal den anderen Mann *Ehemann* nannte, war das ein sehr besonderer Moment für mich. Ich fühlte: Das würde mir gefallen, mit diesem schwulen Ehepaar in einem Haus in Bonn zu wohnen!"

Mustafa zog mit großer Vorfreude ein und wurde nicht enttäuscht. Er hatte endlich wieder ein richtiges Zuhause, konnte sich sicher und frei fühlen. Ein Jahr nach den Geschehnissen von Mossul, gefolgt von der schlimmen Phase in der Türkei, der chaotischen Flucht kreuz und quer durch Europa und der verrückten Zeit im Camp kam Mustafa endlich zur Ruhe. Sein Selbstvertrauen meldete sich zurück, er begann Zukunftspläne zu schmieden, sein Freundeskreis wuchs, die Ersatzfamilie fing ihn auf, wenn es doch noch mal etwas schwierig wurde.

„Als ich hier schon vier Monate gewohnt hatte, gab es für mich noch eine ganz merkwürdige Begegnung mit den Leuten vom Amt. Dort riet man Klaus: ‚Wenn Sie Flüchtlinge bei sich wohnen lassen, müssen Sie alles wegschließen. Auch Ihren selbst produzierten Honig und Wein.' Klaus wurde daraufhin wütend und erwiderte: ‚Ich kenne den Jungen gut und werde das natürlich nicht machen.' Danach sagten die Leute vom Amt, wenn der zweite Flüchtling käme, müsse er aber wirklich alles wegschließen. Da wurde Klaus noch wütender. Ich habe dazu nichts gesagt. Es war ganz und gar nicht nett, was die Leute vom Amt gesagt haben. Aber Klaus hat toll reagiert. Ich bin ihm und seinem Mann für viele Dinge sehr dankbar. Längst nicht nur für diese Reaktion."

„Schwule wirken sich positiv auf eine Gesellschaft aus. Deswegen werden sie von konservativ-religiösen Kräften so gehasst."

„Inzwischen hat sich mein Leben komplett verändert. Während der Woche lerne ich Deutsch, am Wochenende verdiene ich etwas Geld als Mini-Jobber. Ich möchte gerne wieder studieren. Dafür bin ich auf einem guten Weg mit meinen Deutschkenntnissen, hat mir ein Berater an der Universität jedenfalls versichert. Aber ich habe noch ein paar Prüfungen vor mir."

In Gedanken ist er immer noch sehr häufig bei seiner Familie und bei seinen Freunden im Irak. Er vermisst seine Heimatstadt.

„Ich habe Heimweh und werde Mossul nie vergessen. Trotzdem habe ich hier jetzt wirklich ein gutes Leben. Ich mag Deutschland. Und ich werde mit Freude die Nationalität annehmen, wenn ich das irgendwann tun darf. Besonders toll an Deutschland ist, dass alle Menschen gleich behandelt werden! Das gibt mir ein richtig gutes Gefühl. Irgendwann möchte ich hier irgendwo in einem Haus wohnen. Mit einem Hund. Und einem Ehemann."

Der Weg zur deutschen Staatsbürgerschaft ist für die meisten Flüchtlinge, die in den letzten Jahren gekommen sind, noch weit. Es gibt zunächst eine Staffelung: Wer besondere Integrationsleistungen zeigt, kann schon nach sechs Jahren eingebürgert werden. So jemand ist Mustafa. Wer den erfolgreichen Besuch eines Integrationskurses vorweisen kann, kann nach sieben Jahren einen Einbürgerungsantrag stellen. Alle anderen können es nach acht Jahren probieren. Weitere Voraussetzungen sind ein Aufenthaltsrecht oder eine Aufenthaltserlaubnis, ein bestandener Einbürgerungstest, eine Arbeit, keine Verurteilungen wegen einer Straftat, ausreichende Deutschkenntnisse und das Bekenntnis zur freiheitlich-demokratischen Grundordnung. Für Mustafa bedeutet das: Sollte er in vier Jahren mit dem angestrebten Studium fertig sein, ein Gehalt beziehen und sich damit seinen Lebensunterhalt finanzieren können, dürfte er deutscher Staatsbürger werden. Alle anderen Voraussetzungen wird er dann locker erfüllen können.

Doch darauf verschwendet er jetzt noch keine Gedanken. Vielmehr holt Mustafa zum Ende unseres Gesprächs noch einmal aus und erklärt, warum seiner Meinung nach die Angst vor Schwulen in der arabischen Welt so tief sitzt.

„Ich hoffe, dass im Irak irgendwann einmal der Tag kommt, ab dem dort auch die Menschenrechte für Schwule gelten. Das ist eine Frage, die mich ständig beschäftigt: Warum mögen die Menschen im Mittleren Osten keine Schwulen?"

Mustafa hat dazu eine sehr spannende Antwort gefunden:

„Schwule wirken sich positiv auf eine Gesellschaft aus. Sie sind meistens positiv denkende Mensch, sie gehen voran, sie sind progressiv, sie könnten eine Gesellschaft wirklich voranbringen. Deswegen werden sie von den konservativ-religiösen Kräften in arabischen Ländern wie Irak, Syrien oder Libanon gehasst. Deswegen töten sie uns dort. Wir würden ihre Welt ins Wanken bringen, wenn wir mehr Einfluss, positiven Einfluss, bekämen. Es gibt in jedem dieser Länder neben den LGBTs ja auch noch andere open-minded people. Das wären schon richtig viele Menschen. Doch wenn konservativ-religiösen Kräfte immer wieder Menschen aus diesen Kreisen umbringen, kann keine Bewegung entstehen. Dabei wäre so eine Bewegung gut für die dortigen Gesellschaften."

„Home is, where the Dom is.“
Azman, 21, aus Bangladesch

Es gab diese Drohungen – doch niemand konnte sich vorstellen, was dann am 25. April 2016 passieren sollte.

Ein ganz gewöhnlicher Tag in Dhaka, der Hauptstadt Bangladeschs. Unentwegter Verkehrsstau, 33 Grad Hitze, die Schwüle des Sommers kündigte sich an. Nachdem der Aktivist Xulhaz Mannan von der Arbeit gekommen war, traf er sich mit Mitstreitern in seiner Wohnung. Sie sprachen gerade über Bedrohungen und darüber, wie sie sich davor schützen könnten; als es an der Tür klingelte.

Als Paketboten getarnt, stürmte eine Gruppe Männer die Wohnung und ermordete Xulhaz und Mahbub Rabbi Tonoy auf bestialische Art und Weise. Sie hackten so lange mit Macheten auf die Körper der beiden ein, bis diese verblutet waren. Der Hass und die Gewalt waren grenzenlos.

Womöglich, weil sich Xulhaz nicht einfach nur für Menschenrechte eingesetzt hatte. Er war der Kopf der LGBT-Bewegung in Bangladesch. Im Bekennerschreiben war von einem „gesegneten Angriff“ die Rede; die Männer hätten sterben „müssen“, da sie „als Pioniere der Förderung von Homosexualität in Bangladesch“ angesehen wurden. Die Terrororganisation Al-Qaida wollte mit der Tat eine ganze Bewegung köpfen. Leider haben sie es geschafft.

Voller Mitteilungsdrang sitzt mir ein junger Mann gegenüber. Wacher Blick, herzliches Lächeln. Azman ist gerade 21 Jahre alt. Und hat doch schon so viel erlebt. Das Vorgespräch, in dem ich etwas über das geplante Buch erzähle, gerät ihm zu lang. Er will selbst erzählen:

„Ich fing als Aktivist an, da war ich 15 Jahre alt. Ich habe schon damals viele Veranstaltungen und Kulturevents besucht. Bei einer dieser Events bekam ich mit, dass eine Gruppe noch weitere Freiwillige sucht. Sie wollten ein Magazin machen. Ein Magazin, das der Bevölkerung das Leben von LGBTs näherbringen sollte. Doch ich komme aus einer konservativen Familie – also überlegte ich lange, ob ich daran mitarbeiten sollte. Ist das die richtige Sache? Darf ich das machen? Als ich dann damit anfing, merkt ich sofort: Ja, es ist die richtige Sache. Ich kann damit die Meinung vieler Leute beeinflussen. Alle Menschen verdienen dieselben Rechte. Und die Wahrung der Menschenrechte hat auch Bangladesch anerkannt."

„Sie haben hinter meinem Rücken gesprochen. Das fand ich gut: Egal wie – Hauptsache in Bangladesch wird überhaupt über Homosexualität gesprochen."

„Dieses Magazin, das wir 2014 das erste Mal herausgebracht haben, hatte nichts mit dem zu tun, was man in der westlichen Welt als Gay-Magazin bezeichnet. Das ist eine ganz andere Welt. Es brächte die bengalische Gesellschaft überhaupt nicht voran, wenn man so etwas herausbringen würde. Vorurteilen dürften bestärkt werden. Würde sich so ein Magazin auch nur ein bisschen um Sex drehen, würden alle sagen: Schaut, Homosexualität ist nur dreckiger Sex. Wir wollten die Meinung der Leute mit einem anderen Ansatz verändern: Menschen sollten animiert werden, das Heft aufzuschlagen. Wir haben ein konservatives Lifestyle-Magazin gemacht, von dem sich möglichst viele Menschen angesprochen fühlen sollten und haben dann über Liebe und Selbstfindung geschrieben."

Im Prinzip wollten sie zeigen, dass Homosexualität nicht im Widerspruch zur traditionellen Kultur des Landes steht. Das Heft sollte die Leute von dort abholen, wo sie sich gerade befanden.

Als das Magazin dann erschienen war, hörte Azman trotzdem

Sätze wie: ‚Du zerstörst unser Nation, wenn du dich für solche perversen Dinge einsetzt.'

„An der Uni haben sie gesagt: ‚Du bist so ein toller Mensch – warum unterstützt du solche Aktionen?' Mit der Zeit wurde es dann lockerer: Irgendwann haben sie mich auf WhatsApp gefragt, ob der Typ auf dem Cover mein Freund sei. Sicherlich haben sie auch weiterhin hinter meinem Rücken gesprochen. Das fand ich sogar gut: Egal, wie über Homosexualität in Bangladesch gesprochen wird – Hauptsache, es wird darüber gesprochen.

Meine Eltern wussten nie genau, an welchen Projekten ich da als Freiwilliger gearbeitet habe."

Es macht auf mich den Eindruck, als wenn es für Azman durchaus eine bewusste Entscheidung war, seinen Eltern nicht explizit zu erzählen, dass er schwul ist. Er erklärt es so:

„Ich habe ihnen schon etwas darüber erzählt. Sie wussten, dass ich mich für Menschenrechte einsetze. Es war ein Trick von mir. Ich interessiere mich für viele Dinge, die schieflaufen: Klimawandel, Umweltschutz, Frauenrechte, Rechte von Alten und Kindern. Meine Eltern wussten, ich war progressiv und habe mich um viele gesellschaftliche Probleme gekümmert. So war es auch. Darunter waren auch die LGBT-Rechte. Explizit habe ich das jedoch meinen Eltern nicht gesagt. Auch habe ich nie offen gegenüber meinen Eltern darüber gesprochen, dass ich schwul bin. Aber ich habe ihnen Hinweise gegeben. Wenn sie von einer zukünftigen Schwiegertochter sprachen, habe ich gesagt: Was wäre, wenn ihr einen Schwiegersohn bekämt? Sie haben mich allerdings nie gefragt, ob ich schwul bin. Ich vermute aber, sie wusste es."

Azman machte bei weiteren Projekten mit. Die Gruppe wurde immer größer, neben dem Magazin konnten sie sich um weitere Ideen kümmern.

„In Bangladesch gab es bisher noch keinen Christopher Street Day. Eine solche Veranstaltung kann man sich dort auch nicht vorstellen. Aber wir haben etwas Ähnliches ins Leben gerufen und es Rainbow Rallye genannt. Wir wollten öffentlichen Protest auf sehr freundliche Art und Weise initiieren. Es ging um das Recht auf Liebe. Darum, wie schön es ist, einen anderen Menschen an die Hand zu nehmen und mit ihm verbunden zu sein. Wir wollten Freundschaft und Vielfalt feiern."

„Ich habe geweint, und konnte keine klaren Worte finden. 'Die Welt ist schlecht, es ist keine Welt für mich, ich weiß nicht mehr weiter', habe ich meinem Vater am Telefon gesagt und aufgelegt."

Sie hatten sich dafür entschieden, für ihre Idee das bengalische Neujahrsfest zu nutzen. Am 14. April 2014 reihten sie sich mit einer Fußgruppe in den großen Umzug ein. Es war eine Gruppe Menschen mit unterschiedlichen Religionen, unterschiedlichen Hautfarben, unterschiedlichen Sexualitäten. Maximale Vielfalt. Keine Banner, keine Plakate, keine Flyer. Die Verabredung war, stumm mitzulaufen. Doch einen Gegenstand hatten sie bei sich: Sie waren mit einer großen Regenbogenfahne unterwegs. Diese wurde live im Fernsehen gezeigt und später in vielen Zeitungen abgebildet. Keiner aus der Gruppe hat damals begriffen, was für ein historischer Moment das war. Es war der bisher einzige Moment in der Geschichte Bangladeschs, in dem das Eintreten für LGBT-Rechte so in die öffentliche Wahrnehmung getreten ist.

„2015 haben wir wieder teilgenommen, aber ohne Regenbogenfahne. Dort fragten uns dann Journalisten, was wir da machen und wofür wir einstehen würden. Wir sagten, dass es um Freundschaft und Vielfalt geht. Sie fragten: „Was denn für Vielfalt?' Es war eine Fangfrage. Wir versuchten also, es zu vermeiden, auf diese Frage zu antworten. Denn hätten wir ausgesprochen, dass es auch um

LGBT-Rechte geht, hätten wir riesige Probleme bekommen."

2016 wollten sie wieder teilnehmen – doch sie wurden bedroht und gewarnt. Die Warnungen kamen von der Polizei und dem Geheimdienst. Die Polizei müsse Handlungen ergreifen, wenn sie teilnähmen, hieß es. Es ginge um die nationale Sicherheit. Eine kaum unverblümte Drohung, dass sie sich mit Staatsorganen anlegen würden.

Dann wurden die beiden Aktivisten, zwei gute Freunde Azmans, ermordet. Die Premierministerin versprach anfangs, die Verantwortlichen zur Rechenschaft zu ziehen. Internationaler Druck hatte sie wohl dazu gezwungen. Der Anschlag war eine Breaking News auf CNN, BBC & Co., der US-Außenminister verurteilte die Tat. Doch um Aufklärung und Schutz der verbliebenen Aktivisten sollte es der Regierung nie gehen.

„Als das Attentat durch die Medien ging, war ich gerade an der Uni. Ich habe zunächst meine Mutter angerufen, sie war nicht erreichbar. Mein Vater nahm ab, ich habe geweint, und konnte keine klaren Worte finden. 'Die Welt ist schlecht, es ist keine Welt für mich, ich weiß nicht mehr weiter.' Er hat natürlich nichts verstanden, und ich legte wieder auf. Dann rief er zurück, nachdem er die Nachrichten gesehen hatte. Er weinte nun auch. Zu dem Zeitpunkt wusste mein Vater aber noch nichts von dem schwulen Hintergrund der Tat. Ihm war da aber bereits die Verbindung zu mir klar.

Nun werde ich auch getötet, war mein Gedanke. Ich musste von der Uni zu Fuß nach Hause. Ich dachte, das ist das Ende. Zu Hause waren alle geschockt. Ich blieb mehr als zwei Monate daheim und habe mich versteckt. Ich brach zusammen, bekam psychische Probleme, habe kaum mehr gegessen. Von meinen Freunden erhielt ich viel Hilfe. Aber ich wusste, es gibt für mich keine Zukunft mehr in Bangladesch. Ich musste das Land verlassen."

Wie Recht er mit dieser Einschätzung haben sollte, wurde ein Jahr nach dem Attentat deutlich. Im Mai 2017 veröffentliche QueerAmnesty den Leidensbericht eines anderen Aktivisten, der sich noch immer in Bangladesch befindet. Seit dem Attentat ist dort nichts mehr wie zuvor. Die verbliebenen Aktivisten versteckten sich zunächst in zwei geheimen Unterkünften, die für solche Fälle mit haltbaren Lebensmitteln ausgestattet worden waren. Dann wechselten sie alle paar Wochen ihren Aufenthaltsort. „Ich fühle mich, als habe ich kein Zuhause mehr", beschrieb es der Aktivist gegenüber QueerAmnesty. Die Menschenrechtler trauen sich seit dem Attentat nicht mehr, sich zu treffen. Alle Aktivitäten wurden eingestellt, die Bewegung um Jahre zurückgeworfen.

Mehr noch: Das Land macht politische und gesellschaftliche Rückschritte. So gab es 2017 erstmals eine Razzia gegen Schwule. Eine Sondereinheit der Polizei nahm im Mai mehr als zwei Dutzend junge Männer in einem Treff für Schwule fest. Seit Jahrzehnten ist in Bangladesch kein schwuler Mann mehr wegen seiner sexuellen Orientierung ins Gefängnis gekommen. Das Gesetz dazu stammt noch aus der Zeit der britischen Kolonialisierung. Davor gab es keine Strafen gegenüber gleichgeschlechtlich orientierten Männern. Nun geht dort die Jagd los.

„Deutsche Kontakte boten mir schließlich ihre Hilfe an."

Von der Regierung erhalten die im Land verbliebenen Aktivisten natürlich keinerlei Unterstützung – im Gegenteil. Schon kurz nach der Tat sagte der Innenminister: „Unsere Gesellschaft erlaubt keine Bewegungen, die unnatürlichen Sex fördern." Die Aktivisten werteten das als offizielle Andeutung, dass sie selbst für solche Anschläge verantwortlich seien. Wer als Schwuler in Bangladesch Hassverbrechen zur Anzeige bringen will, muss der Polizei zunächst erklären, dass er sich von seiner Homosexualität abwendet. Erst dann nimmt die Polizei die Anzeige auf. Deshalb hat kein Aktivist Anzeige erstattet. Im Fall des Attentats fürchten sich Schwule sogar davor, Teil der Untersuchung zu werden. Sie sind sich sicher: In den berüchtigten Polizeiverhören würden sie nicht wie Opfer oder Zeugen behandelt werden.

Die Premierministerin hat auch nicht Wort gehalten. Selbst über ein Jahr nach der Tat existiert noch immer kein Untersuchungsbericht. Fast ein Dutzend gesetzte Abgabetermine hat die Polizei verstreichen lassen.

In der schlimmsten Zeit seines Lebens, während der Wochen nach dem Attentat, hat Azman begonnen, Kontakte ins Ausland zu knüpfen. Ohne Unterstützung eines anderen Staates erschien ihm die Flucht aus den eigenen vier Wänden unmöglich.

„Deutsche Kontakte boten mir schließlich ihre Hilfe an. Die Leute aus Deutschland haben mir jeden Tag geschrieben und waren wirklich sehr besorgt um mich."

Er dachte nur kurz über die Sprachbarriere nach – Englisch spricht Azman fließend, bei Deutsch musste er ganz neu anfangen. „Ich konnte mir eine Zukunft in Deutschland vorstellen. Ich empfand diese tiefe Hoffnung, dass dort alles gut werden kann."

Er bereitete sich ein wenig vor, ehe seine Ausreise bevorstand.

„Ich finde, eure Sprache hört sich sehr hart an. Ich meine, „Butterfly" heißt auf Deutsch Schmetterling. Schmetter-ling! Was für ein hartes Wort für so ein zartes, leichtes Wesen!"

Als Aktivist blieb er auch in der Vorbereitung auf seine neue Heimat ein kritischer Geist. Er setzte sich mit den Vorurteilen, die er gegenüber den Deutschen hatte, selbstkritisch auseinander:

„Ich hatte viele Klischees im Kopf: Deutsche sind versnobt, beklagen sich ständig, sind sehr ernst und sehr genau."

Vieles davon hat er inzwischen revidiert – aber nicht alles. Auch begann er schon in Bangladesch damit, Deutsch zu lernen: über eine App im Smartphone.

„Dann schaute ich mir auf YouTube viele Videos an, wie man

in Deutschland so lebt. Wie geht man dort einkaufen, wie benimmt man sich richtig, was sind die kleinen, wichtigen Worte. Ich habe dabei aber auch viele falsche Dinge erfahren, denn es stimmt natürlich nicht alles, was man auf YouTube über Deutschland erfährt."

„Die Menschen hier haben mich sofort als Teil ihrer Familie aufgenommen."

An dieser Stelle müsste nun eigentlich von der Flucht berichtet werden. Doch es gibt gute Gründe, nicht zu erzählen, wie Azman letztlich nach Deutschland gekommen ist. Es ist ein Weg, wie auch andere Menschenrechtler in Sicherheit gebracht werden. Dieser Weg wäre gefährdet, wenn man ihn öffentlich nachzeichnen würde.

„Als ich schließlich nach Deutschland kam, fühlte ich sofort: Dieses Land möchte ich nicht mehr verlassen! Dabei war es so schwer, Abschied von Bangladesch zu nehmen. Ich wollte nicht, dennoch musste ich! Aber die Menschen hier haben mich sofort als Teil ihrer Familie aufgenommen. Ich bekam so viel erzählt. Das begann gleich damit, wie man in Deutschland ein Weinglas hält."

Trotz der Vorbereitung hat Azman in den ersten Tagen auch viel Überraschendes erlebt.

„Ich wusste schon, dass ihr auf der falschen Seite fahrt. In Bangladesch fahren wir ja links - wie die Briten. Es war dann trotzdem sehr ungewöhnlich für mich. Was mich wirklich erstaunt hat, war, dass hier die Polizisten rund um die Uhr erreichbar sind! Und dann reagiert die Polizei auch noch so schnell. Äußerst beeindruckend. Und die Deutschen sind wirklich so pünktlich wie man es ihnen nachsagt! Darauf wurde ich in den YouTube-Videos nicht richtig vorbereitet. Pünktlichkeit ist eine ungeheuer schwere Sache für mich. Es muss eine mystische Intuition sein, die euch dabei hilft. In Dhaka ist immer Stau. Dort hat keiner die Hoffnung, jemals pünktlich zu sein. Ich brauche noch eine Menge Praxis, um zu durchschauen, wie man immer pünktlich sein kann. Ich bin mir absolut sicher, dass das für ganz viele Ausländer in Deutschland, nicht nur für die Flüchtlinge, ein riesiges Problem ist. Ihr seid darin sicher Weltmeister. Wir kommen aus Ländern, die bei so etwas nicht einmal einen Blumentopf gewinnen würden. Für mich ist es stets eine ganz aufregende Sache, wie ich es schaffe, pünktlich zu sein.

Ich bin sehr glücklich und voller Dankbarkeit. Die Deutschen haben mir den Start wirklich einfach gemacht. Ich kenne die ganzen anderen Geschichten von Flüchtlingen, die Monat für Monat an den Behörden scheitern und wo nichts passiert. Für mich startete der Deutschkurs einen Monat, nachdem ich hier angekommen war. Geld für mein Leben bekam ich von dem ersten Tag an. Ich dachte nur: 'Wow.' Alles funktioniert sofort."

Ganz aufrichtig und ganz bewusst erzählt er von seinem Ankommen als Flüchtling 1. Klasse.

„Durch diese besondere Behandlung spüre ich aber auch eine große Verantwortung. Als Neubürger von Köln bemühe ich mich sehr, dem gerecht zu werden. Ich versuche, mich stets vorbildlich zu verhalten. Das geht bei alltäglichen Dingen los: So beachte ich jede rote Ampel. In Bangladesch ist so etwas nicht vorstellbar. Ich helfe anderen Bürgerinnen und Bürgern, wenn sie in Not sind. In der kurzen Zeit, die ich hier bin, habe ich schon zweimal die Polizei und einmal den Rettungswagen gerufen. Die Stadt hat so viel für mich getan – jetzt und in Zukunft werde ich versuche, ein wenig zurück zu geben.

Mir ist durchaus bewusst, dass die meisten anderen Flüchtlinge nicht so ein Glück haben. Sie haben eine Menge Probleme, die ich nicht zu spüren bekam. Deshalb frage ich mich auch, was ich für andere Flüchtlinge tun kann. Ich kenne ganz viele dieser Geschichten, wo traumatisierte Flüchtlinge immer wieder in neue Einrichtungen verlegt wurden. So gut Deutschland grundsätzlich mit Flüchtlingen umgeht: Es ist und bleibt unmenschlich, was anderen widerfährt. So sollte, so darf es nicht laufen! Ich mache mir Gedanken, wie man das zum Positiven ändern kann."

„Es gibt viel zu tun, Menschen in Not zu helfen. Auch in Deutschland."

Wer ihn reden hört, kommt in keinem Moment auf die Idee, dass das hohles Gerede ist. Er will, er muss etwas bewegen. Das steckt tief in dem Jungen drin. Wer schon mit 15 zu einem leidenschaftlichen Aktivisten geworden ist, bleibt höchstwahrscheinlich Zeit seines Lebens in dieser Rolle. Womöglich ist er gerade nur in der Phase, sein Betätigungsfeld zu wechseln: vom Schwulen- zum Flüchtlingsaktivisten. Just habe ich diesen Gedanken – schon setzt er zu einer kleinen Rede an die Nation an.

„Was ist bei der Flüchtlingsaufnahme nicht gut gelaufen? Das frage ich mich häufig. Schauen wir zurück – und ändern das, wenn wieder mehr Flüchtlinge kommen sollten. Ich werde, ich muss dann sicherlich mithelfen. Ich weiß nicht, was es bedeutet, in einem großen Lager zu leben. Aber für Schwule, für alleinerziehenden Frauen mit Kindern und andere Randgruppen muss es schrecklich sein. Wir müssen daraus lernen, was nicht so gut gelaufen ist. Ich kann mir nicht vorstellen, wie man mit dem Geld, das Flüchtlinge in den Lagern erhalten, über die Runden kommen kann. Genau das müssen aber die meisten Flüchtlinge in den ersten Monaten. Ich kann mir nicht vorstellen, wie es ist, Sammelduschen nutzen zu müssen. Alle bekommen das gleiche Essen, es gibt meistens keine Wahl im Lager. Wie ist es, monatelang in einer gefühlten Mischung aus Krankenhaus und Gefängnis zu leben? Wie lässt sich das beim nächsten Mal ändern? Darüber mache ich mir Gedanken. Ich muss mit dafür sorgen, dass beim nächsten Mal die Zustände besser sein werden. Es gibt viel zu tun, Menschen in Not zu helfen. Auch in Deutschland."

Also hat Deutschland eine Menge Fehler gemacht?
„Ein paar, aber Deutschland hat auch wie kaum ein anderes Land Lösungen für solche Probleme gefunden! Deutschland hat nicht diese schlimm abgehängten Vororte, wie es sie in Frankreich gibt. Deutschland ist trotz aller Schwierigkeiten vergleichsweise gut mit den Flüchtlingen umgegangen. Ich bin da sehr optimistisch und hoffnungsfroh, dass Deutschland noch mehr Kraft und Ideen hat, um auch die bestehenden Probleme zu lösen. Wir können das, was hier schon geleistet wurde, weiterentwickeln.

Es gibt hier die AfD. Sie brandmarken die Flüchtlinge, weil viele von ihnen eine schlechte, sogar schlimme Meinung zu Schwulen haben. Die gleiche Partei will für uns Schwulen aber keine gleiche Rechte! Wie schizophren, wie paradox – das geht doch nicht! Natürlich sind viele Flüchtlinge schwulenfeindlich. Aber man muss sehen, aus welchen Kulturen sie kommen! Wenn ich aus einer Gesellschaft stamme, wo über solche Themen nie gesprochen wird: Wie kann ich dann erwarten, dass diese Menschen sofort liberal bei diesem Thema reagieren? Wir müssen mit diesen Menschen sprechen. Wir müssen es ihnen auf sensible Art und Weise erklären. Einfach darauf zu schimpfen, dass sie homophobe Menschen sind, ist schäbig. Wenn einer aus konservativen Verhältnissen kommt, müssen wir ihm auf konservative Weise beibringen, dass es okay ist, schwul, lesbisch oder was auch immer zu sein.

Es geht dabei ja nicht nur um die Flüchtlinge. Ich sehe in der Gesellschaft ähnliche Probleme bei den Deutsch-Türken. Die zweite und dritte Generation der Gastarbeiter fremdelt doch sehr stark mit den Werten, die hier üblich sind. Nicht nur, dass viele die Politik von Erdoğan unterstützen. Die Akzeptanz von LGBT-Rechten unter den Deutsch-Türken ist doch ziemlich ausbaufähig. Aber auch mit sehr konservativ-christlichen Deutschen müsste man darüber noch mal reden."

„Alles berührt mich. Alles umsorgt mich. Ich möchte hier immer leben, arbeiten, meine Kinder großziehen."

Der junge Mann sprüht jetzt vor Ideen, Charme und Schaffenskraft. Eine gute Kombination, um wirklich etwas zu bewegen. Vor mir sitzen ein kleiner Mensch und ein großes Talent. Meine Gedanken bekommen bei diesem Anblick Flügel. In 20 Jahren ist er im Bundestag. Oder Kölner Oberbürgermeister, oder ...

Apropos Köln. Ich beginne einen Satz mit: „Bangladesch ist deine Heimat..."

Er unterbricht sofort und sagt:

„Köln auch. Köln fühlt sich für mich an wie Dhaka. Köln hat mich sofort als Neubürger akzeptiert. Es fühlt sich so an, als wenn die Stadt mich adoptiert hat. Wann immer ich einen anderen Ort besuche und zurückkomme, bin ich einfach nur glücklich. Home is, where the Dom is. Ich liebe die Kölner, die Musik hier und den Rhein! Alles berührt mich. Alles umsorgt mich. Ich möchte hier immer leben, arbeiten, meine Kinder großziehen. Ich will viele haben! Na gut, ich werde mit einem starten und dann sehen wir weiter. Ich liebe Kinder. Ich würde später gern eine Familie haben und einen Mann heiraten.

Ich finde es sehr traurig, dass ich im Moment für die Bewegung in Bangladesch so wenig tun kann. Als Lobbyist für die Menschenrechte in Bangladesch könnte ich auch von Europa aus aktiv sein. Doch das darf ich momentan noch nicht! Wenn ich von hier aus Dinge anschieben würde, wären die wenigen verbliebenen Aktivisten in großer Gefahr. Es gibt keine Unterstützung von der Regierung, auch nicht von der Zivilgesellschaft. Je mehr du versuchst, da zu puschen, desto schlimmer wird es. Wir brauchen Zeit und Geduld. Die Situation muss sich erst einmal beruhigen. Im Moment gibt es keinen Fortschritt, auch keinen Stillstand, das Land macht Rückschritte. Bangladesch erhält gerade viel finanzielle Unterstützung aus den Golfstaaten, besonders aus Saudi-Arabien. Diese Länder erhoffen sich davon natürlich etwas. Konservative Kräfte werden so gestärkt. Selbst die progressivste Partei des Landes sieht mehr und mehr Dinge durch eine streng islamische Brille."

Während er davon erzählt, verdunkelt sich seine Miene. Aus einem dynamischen, vor Kraft und Willen strotzenden jungen Mann, der viel lächelt, wird ein besorgter ohne Hoffnung. Wenn sich seine Befürchtungen bewahrheiten, wird man aus Bangladesch in ein paar Jahren viele schlimme Nachrichten hören.

„Aber es gibt einen entscheidenden Hebel, den Europa in den Händen hält: Bangladesch hat ein großes Interesse, Kleidung zu exportieren. 80 Prozent des Exports machen Textilien aus. Die EU ist der größte Handelspartner. Deutschland spielt dabei innerhalb der EU die mit Abstand größte Rolle. Es ist also ein elementar wichtiger Wirtschaftszweig. Alle großen Marken lassen bei uns produzieren. Adidas & Co. sind die Global Player, die die Wirtschaft in Bangladesch am Laufen halten. Wenn es von Europa aus zugleich politischen und wirtschaftlichen Druck gibt, kann sich etwas verändern. Wirtschaftliche Deals müssten an die Wahrung der Menschenrechte gekoppelt werden. Sie könnten tatsächlich die politischen Verhältnisse ändern und die Rückschritte stoppen! Wirtschaftsbosse haben in Bangladesch stets großen Einfluss auf die Politik. Dann könnte sich viel verändern. Vielleicht arbeite ich irgendwann mal an solch einer Schaltstelle. Das wäre toll."

In Gedanken daran - so theoretisch und weit weg diese Vorstellung auch sein mag – hellt sich seine Miene wieder auf.

Ein ganz dickes Brett, das Azman da bohren will. Vor vier Jahren stürzte eine Textilfabrik in Bangladesch ein, über 1.100 Menschen starben. Durch internationalen Druck wurden seitdem zwar ein paar Sicherheitsbedingungen in den Produktionsstätten verschärft – von menschenwürdigen Arbeitsbedingungen kann aber weiterhin keine Rede sein. Dann zu versuchen, über Druck von außen die

Wahrung der Menschenrechte einzufordern, ist sicher eine noch viel größere Aufgabe.

„Man darf nicht so viel über die schlechten Erlebnisse nachdenken – das lähmt. In jeder schlechten Sache gibt es etwas Gutes, etwas, das einem Hoffnung schenkt."

Zumal die deutsche Politik Bangladesch nicht gerade auf dem Schirm hat. Das Land gehört zu den zehn größten Ländern der Welt – wird aber weitestgehend ignoriert. Außer, wenn sich jemand innenpolitisch profilieren will: So hat der bayerische Innenminister 2016 gefordert, Bangladesch zu einem sicheren Herkunftsland zu erklären. Joachim Herrmann ist inzwischen Spitzenkandidat der CSU für die Bundestagswahl 2017 und wäre als möglicher Bundesinnenminister für Abschiebungen zuständig. Für Azman hätte das immerhin keine Folgen.

Bei der Frage, ob er irgendwann mal deutscher Staatsbürger werden will, führt er mich an der Nase herum. Schon ganz die Kölner Art.

„Im Moment denke ich gar nicht darüber nach, irgendwann deutscher Staatsbürger zu werden. Aber ich will auf jeden Fall ein Köln Major werden! Wenn ich das werden sollte, muss ich nicht unbedingt deutscher Staatsbürger werden."

Er lacht laut los.

„Die Idee, mal ein Köln Major zu sein, gibt mir ganz viel Freude und Glück. Ich kann dann noch besser Menschen helfen, die in Not sind. Ich finde es eine total attraktive Aufgabe. Aber natürlich, Scherz beiseite: Ich würde es lieben, Deutscher zu werden!"

Für alle Nicht-Kölner: Als Kölner Major werden die ehrenamtlichen Stellvertreter der Kölner Oberbürgermeisterin bezeichnet. Sie werden schlicht und einfach Bürgermeister genannt. Spatenstiche, die Eröffnungen von Straßenfesten oder Vereinsjubiläen gehören zu ihren Aufgaben.

Der Moment ist gekommen, in dem Azman noch einmal zu einer kleinen Rede ansetzt. Er möchte dringend etwas loswerden. Direkt an die Leser dieses Buches gerichtet, sagt er

„Ich bin so dankbar. Ich danke Gott. Ich danke Köln. Und ich bedanke mich bei Deutschland, dass dieses Land so viele Menschenleben gerettet hat, indem ihr Flüchtlinge mit offenen Armen empfangen habt. Ich bin froh darüber, dass es dieses Projekt gibt. Ein Buch, in dem unsere Geschichten stehen. Es ist dabei sehr wichtig, nicht nur die schlimmen Dinge zu erzählen. Je trauriger du bist, desto depressiver wirst du. Man darf nicht so viel über die schlechten Erlebnisse nachdenken – das lähmt. In jeder schlechten Sache gibt es etwas Gutes, etwas, das einem Hoffnung schenkt. Auch wenn wir unsere Länder verlassen mussten, zu Flüchtlingen wurden, ist es wichtig weiter zu machen und das Heft des Handelns wieder in die eigenen Hände zu nehmen. Wir müssen einander unterstützen und dürfen nicht in Selbstmitleid versinken. Das sind wir auch Deutschland schuldig. Das Land, das uns so herzlich aufgenommen hat."

Schlussimpressionen

Nicht jeder Flüchtling ist ein guter Mensch. Auch nicht jeder schwule Flüchtling. Diesen Zahn muss ich jedem ziehen, der nach der Lektüre dieses Buches glaubt, Geflüchtete wären die besseren Menschen. Vorliegend finden sich die Lebensgeschichten junger Männer, die über jeden Zweifel erhaben sind. Doch Fakt ist auch, dass es andere gibt. Es gibt diejenigen, die hinter dem Rücken der Deutschen schlecht über ihre eigenen Helfer reden. Oder solche, die ihren Flüchtlingshelfer hinters Licht führen und belügen. Und wieder andere, die vorgeben schwul und verfolgt zu sein, obwohl sie es in Wirklichkeit aber nicht sind. Das sind nur drei von weiteren, ähnlichen Geschichten, die mir während der Recherchen zu meinem Buch begegnet sind.

„Meine“ Flüchtlingsjungs haben mich schon oft gefragt: „Warum seid ihr so nett zu uns? Bei uns sind die Menschen bei weitem nicht so hilfsbereit. Da achtet jeder vornehmlich auf seinen eigenen Vorteil.“

So ganz glauben kann ich das nicht. Aber in Ländern wie Syrien, Afghanistan oder Somalia, in denen sich die Menschen dauerhaft im Überlebensmodus befinden, wird das menschliche Miteinander sicherlich sehr vergiftet sein.

Wer nun aber glaubt, den meisten Flüchtlingen wird es ob ihrer vorherigen Lebensumstände kaum gelingen, in Deutschland Fuß zu fassen, dem sei sofort widersprochen. Ich schätze, dass sich von den 30 Jugendlichen, mit denen ich näher zu tun habe, mehr als 80 Prozent erfolgreich integrieren lassen werden. Und 'mal ehrlich: Mindestens zehn Prozent der deutschen Jugendlichen lassen sich auch nicht aussichtsreich integrieren.

Die weit überwiegende Mehrzahl „meiner“ Jugendlichen wird sich integrieren lassen – trotz des „Konzepts zur Integration von Flüchtlingen“, das Bund und Länder im April 2016 verabschiedet haben. Dieses Konzept lässt nicht nur mich ratlos zurück. Zu uns

Ehrenamtlichen finden sich darin gerade einmal drei Sätze:

„Das große ehrenamtliche Engagement tausender Menschen trägt maßgeblich dazu bei, die Herausforderungen bei der Integration zu bewältigen. Vereine und Initiativen leisten einen wesentlichen Beitrag zur Integration. Darin wollen wir sie bestärken."

Würde ich mich in einem Marketingkonzept für ein mittelprächtig aufgestelltes Unternehmen auf solche Sätze beschränken, würde dieses Dokument sofort im Papierkorb verschwinden. Mir wird angst und bange, wenn ich so etwas lese. Glücklicherweise sitzen in Städten und Kommunen schlauere Köpfe als im Bund und den Ländern, so mein Eindruck.

Denn schlaue Köpfe wird es auch brauchen, um zu erkennen, dass wir häufig die falschen Menschen abschieben. Viele, die sich nicht integrieren lassen, dürfen bleiben. Andere werden abgeschoben oder haben geringe Bleibeperspektiven, obwohl sie unsere Werte leben und große Integrationserfolge feiern. Zwei Beispiele aus meiner ehrenamtlichen Arbeit:

Ein 17-jähriger Albaner, der innerhalb von acht Monaten gutes Deutsch gelernt hat, Homosexualität tolerierte und in Deutschland gerne Krankenpfleger geworden wäre, wurde als Volljähriger 2016 abgeschoben. Ein paar Monate später hätte er einen guten Schulabschluss machen, danach eine Ausbildung beginnen können. Paradox: Um dem Fachkräftemangel in den Pflegeberufen zu begegnen, haben Bund und Länder Programme aufgelegt, die angehende Pflegekräfte im Ausland anzuwerben versuchen. Millionen von Euro wurden ausgegeben, um diese Menschen in Tunesien oder auf den Philippinen auszuwählen und dann hier auszubilden. Die Kosten, den Albaner für diesen Beruf zu befähigen, hätten bei einem Bruchteil gelegen.

Ich kenne einen anderen jungen Mann, der noch in Deutschland ist. Es ist ein Afrikaner ohne Perspektive auf Asyl - aber mit einem großen Herzen, guten Schulnoten und einem exzellenten

Sozialverhalten. Auch er hat kein Problem mit meinem Schwulsein und Schwulen generell. Er möchte 2018 eine Ausbildung zum Elektriker beginnen. Viele Betriebe in Deutschland dürften sich die Finger nach ihm lecken, hunderte Ausbildungsplätze können gerade in diesem Berufsfeld nicht besetzt werden. Nach Gesetzeslage dürfte sich der Junge schon gar nicht mehr in Deutschland befinden. Wenn alles gut läuft, wir etwa zehn rechtliche Haken schlagen, kann er bleiben. Vielleicht ...

Was machen wir also sinnvollerweise mit den vielen Menschen, die sich gut integrieren, unsere Werte achten, Homosexualität normal finden – aber weder Asyl bekommen noch einen Flüchtlingsstatus erhalten haben? Was machen wir mit den schwulen Flüchtlingen, die ehrlich sind, sich bemühen, in Deutschland angekommen sind, später jedoch einen negativen Bescheid bekommen, weil sie in ihrer Heimat „nicht richtig verfolgt“ wurden, bei Rückkehr und Auslebung ihrer sexuellen Orientierung aber Schlimmstes zu befürchten haben? Rhetorische Fragen. Natürlich sollten diese Menschen hierbleiben dürfen.

Integration passiert nicht einfach, sie bedeutet für beide Seiten harte Arbeit. Ein kleines Beispiel:

Im Jugendheim nahm mich vor einiger Zeit ein 14-jähriger Afghane zur Seite und stellte mir folgende Frage (sinngemäß, der Junge war erst ein paar Wochen in Deutschland): „Wie kann es sein, dass die jüngste Frau hier Chefin ist?“

Für ihn waren das gleich zwei große Rätsel auf einmal. Ich ahnte, dass er sich darüber schon ein paar Stunden den Kopf zerbrochen hatte. Es wurde kein einfaches Unterfangen, ihm die Gleichberechtigung und das Thema Leistung sticht Erfahrung näher zu bringen. Nach einer halben Stunde – ich war völlig durchgeschwitzt vom Reden mit Armen, Beinen und der Dolmetscher-App in seinem Smartphone – fiel ich ermattet in meinen Stuhl zurück. Ich fühlte mich komplett gescheitert. Doch dann geschah etwas, mit dem ich nicht gerechnet hätte:

Der Junge sagte nur einen Satz (sinngemäß): „Klingt logisch, wie ihr das hier in Deutschland macht."

Das größte Problem schwuler Flüchtlinge in Deutschland ist ihre Erstunterbringung in Sammelunterkünften. Die Berichte in diesem Buch sprechen eine deutliche Sprache. Eigentlich sind die rechtlichen Bedingungen bei der Unterbringung von Flüchtlingen klar: Es gibt mehrere UN-Vorgaben und EU-Aufnahmerichtlinien, die garantieren sollen, dass eine menschenwürdige Unterbringung vorhanden ist und die Menschen vor Gewalt in den Flüchtlingsunterkünften zu schützen sind. So steht es auf dem Papier. Doch gerade schwule Geflüchtete leiden unter der Missachtung dieser Richtlinien erheblich. Die Lobby, die auf die Einhaltung der Richtlinien pochen muss, könnte noch deutlich schlagkräftiger werden. Derartiges Politikversagen sollte sich die schwule Community nicht gefallen lassen.

Schwulen Flüchtlingen und ihren Helfern weht der Wind zuweilen auch von ungeahnter Richtung ins Gesicht. Wir müssen wachsam bleiben. So haben rechte Weltverschwörungstheoretiker schwule Flüchtlinge auch schon einmal für den nahenden Weltuntergang verantwortlich gemacht. Die Überschrift zu einer Fake News, die sich im April 2017 auf Facebook verbreitet hatte, lautete:

Schwule arabische Wirtschaftsflüchtlinge infizieren europäische Gayszene.

Die steigenden Zahlen der Hepatitis A-Infektionen in Berlin wurden darin mit schwulen Flüchtlingen in Verbindung gebracht. Das gemeinnützige und renommierte Recherchezentrum Correctiv hat diese Meldung schnell als kompletten Unfug enttarnt. Diese Geschichte zeigt jedoch, dass es Kräfte gibt, die einen Keil zwischen die schwulen Flüchtlinge und die schwule Community schieben wollen. Auch trotz des Absinkens der Umfragewerte für die AfD wird es immer wieder zu derartigen Störfeuern kommen.

Du spielst nun eventuell mit dem Gedanken, Geflüchteten zu helfen? Das ist eine gute Idee! Mich bereichert die ehrenamtliche Arbeit jeden Tag. Ich durfte in den vergangenen Jahren viele großartige Jugendliche kennenlernen. Die meisten von ihnen meistern ihr neues Leben – ohne Familie, in einem fremden Land und mit einer neuern Sprache – auf erstaunliche, fantastische Art und Weise. Ich habe häufig das Gefühl, wirklich helfen zu können. Auch erweitert sich der eigene Horizont. Kein Spruch. Natürlich darf man dabei nicht den Blick vor den Problemen verschließen. Nicht jeder Geflüchtete wird das neue Leben in Deutschland packen. Hilfe misslingt auch mal, wird nicht angenommen oder war gut gemeint, aber doch irgendwie schlecht gemacht. Eine große Herausforderung ist in den ersten Monaten die Sprache. Missverständnisse gehören dann zum Alltag. Und sie entstehen nicht nur aus bruchstückartiger Kommunikation, sondern genauso häufig aus kulturellen Unterschieden. So kommen fast alle Geflüchteten aus Ländern, in denen Pünktlichkeit und Zuverlässigkeit nicht zu den Grundtugenden gehören. Die allermeiste Zeit ihres Lebens spielten Termine keine Rolle. Jetzt, in Deutschland, ist ein Leben ohne Kalender unmöglich. Es braucht für die Geflüchteten Jahre und nicht Monate, um sich daran zu gewöhnen. Wer als (deutscher) Helfer Verspätungen stets persönlich nimmt, wird scheitern. Meine Erfahrung: Irgendwann und nach vielen Hinweisen, wird der Geflüchtete die Kalenderfunktion in seinem Smartphone nutzen.

Ich kann nur jeden ermutigen: Einfach reden, einfach machen, dem Geflüchteten die Räuberleiter reichen, damit er die Hürden und Rückschläge im neuen Alltag erfolgreich meistern kann.

Danksagung

Den sieben Geflüchteten, die mir ihre Geschichten erzählt haben. Vielen Dank, dass ich sie aufschreiben durfte. Vielen Dank für euer Vertrauen.

Den Geflüchteten, die mir ihre Geschichten erzählt haben, ohne dass sie den Weg in dieses Buch gefunden haben. Ihr habt mir sehr geholfen, ein schwieriges Thema besser in Worte zu fassen.

An meine vier Interviewpartner.

An die ehrenamtlichen Flüchtlingshelfer, die mir bei der Organisation und in meinen Recherchen geholfen haben.

An Achim fürs Verlegen.

Danke an meinen Freund Söhnke, der nicht nur auf viele gemeinsame Stunden verzichten musste, sondern mir auch noch beim Korrekturlesen zur Seite stand.

Anlaufstellen für schwule Geflüchtete

Überregional

Lesben- und Schwulenverband in Deutschland (LSVD)
Bundesgeschäftsstelle
Hülchrather Straße 4
50670 Köln
T. 0221-925961-0
F. 0221-925961-11
lsvd@lsvd.de
www.queer-refugees.de

Queeramnesty
info@queeramnesty.de
www.queeramnesty.de

Netzwerk „Rainbow Refugees“
refugees@csd-dresden.de
www.rainbow-refugees.de

Pro Asyl
Postfach 16 06 24
60069 Frankfurt/M.
T. 060-24231420
F. 069-24231472
proasyl@proasyl.de
www.proasyl.de

Queer Refugees for Pride
refugee-pride.org

Quarteera
Queer auf Russisch
www.quarteera.de/asyl-faq
info@quarteera.de

Baden-Württemberg

LSVD Baden-Württemberg e.V.
Weißenburgstraße 28a
70180 Stuttgart
ba-wue@lsvd.de
ba-wue.lsvd.de/

Netzwerk LSBTTIQ Baden-Württemberg
Adlerstraße 12
79098 Freiburg
T. 0152-53948194
refugees@netzwerk-lsbttiq.net
www.netzwerk-lsbttiq.net/refugees

Ombudsperson für Flüchtlingsaufnahme
in Baden-Württemberg
Karl-Heinz Wolfsturm
T. 0711-2794477
ombudsmann@im.bwl.de

Arbeitskreis Asyl e.V. Baden-Baden
Industriestraße 41a
76532 Baden-Baden
T. 0172-7157653
T. 0152-28944755
bb.akasyl@online.de
http://akasyl-bad.de

AIDS-Hilfe Freiburg e. V.
Bettina Deuschle
Büggenreuterstraße 12
79106 Freiburg
T. 0761-151466416
F. 0761-151466433
bettina-deuschle@auds-hilfe-freiburg.de
kontakt@aids-hilfe-freiburg.de
www.aids-hilfe-freiburg.de/themen/migration

Rosa Hilfe Freiburg e.V.
Adlerstraße 12
79098 Freiburg
T. 0761-25161
kontakt@aids-hilfe-freiburg.de
www.aids-hilfe-freiburg.de

QueerAmnesty
Freiburg
queer@amnesty-suedbaden.de

Pro Bono Heidelberg
Studentische Rechtsberatung e.V.
Plöck 101
69117 Heidelberg
asylrecht@probono-heidelberg.de

Flüchtlingsberatung Diakonisches Werk
Karl-Ludwig-Straße 6
69117 Heidelberg
T. 06221-53750
F. 06221-537575

dw-fluechtlingsberatung@dwhd.de
www.diakonie-heidelberg.de

Flüchtlingshilfe Karlsruhe
Durlacher Allee 66
76137 Karlsruhe
www.fluechtlingshilfe-karlsruhe.de

Amnesty International Asylberatung
Bezirk Karlsruhe
Alter Schlachthof 59
76131 Karlsruhe
asyl@amnesty-karlsruhe.de oder
queer@amnesty-karlsruhe.de
www.amnesty-karlsruhe.de

Verein zur Unterstützung traumatisierter Migranten e.V.
Alter Schlachthof 59
76131 Karlsruhe
T. 0721-6288306
trauma-migranten@web.de
www.traumatisierte-migranten.de

PLUS Mannheim
Alphornstraße 2a
68169 Mannheim
T. 0621-3362110
team@plus-mannheim.de
www.plus-mannheim.de

Caritasverband Mannheim e.V.
T. 0621-1260230
F. 0621-1260288

info@caritas-mannheim.de
www.caritas-mannheim.de/hilfe-undberatung/fluechtlinge-und-migranten

Diakonisches Werk Neu-Ulm e. V.
Asyl- und Migrationsberatung
Sigrun Grüninger
Eckstraße 25
89231 Neu-Ulm
T. 0731-7047822
F. 0731-7047825
T. 0171-5092309
asylberatung@diakonie-neu-ulm.de
www.diakonie-neu-ulm.de/html/asylberatung.html

foqus e.V.
Postfach 120111
88201 Ravensburg
T. 0160-99475791
info@foqus-online.net

refugio Stuttgart e.V.
Psychosoziales Zentrum für traumatisierte Flüchtlinge
Weißenburgstraße 13
70180 Stuttgart
T. 0711-6453127
F. 0711-6453126
info@refugio-stuttgart.de
www.refugio-stuttgart.de

Türkische Gemeinde in Baden-Württemberg e.V.
Marcus Tomek
Reinsburgstraße 82

70178 Stuttgart
T. 0711-88899911
F. 0711-88899920
marcus.tomek@tgbw.de

Weissenburg e.V.
Weißenburgstraße 28a
70180 Stuttgart
T. 0711-6404494
F. 0711-6404495
vorstand@zentrum-weissenburg.de
www.zentrum-weissenburg.de/gefluechtete-refugees

Bürogemeinschaft Weißenburg in Kooperation
mit Amnesty International Stuttgart
Beratung für LSBTTIQ-Geflüchtete
Lazarettstraße 6
70182 Stuttgart
T. 0711-40053011
T. 0151-54179062
asyl@amnesty-stuttgart.de

Ulm Amnesty Asylberatung
Bezirk Ulm
Ensingerstraße 21
89073 Ulm
T. 0731-63632
kontakt@amnesty-ulm.de
www.amnesty-ulm.de

Refugio Villingen-Schwenningen
Kontaktstelle für traumatisierte Flüchtlinge und Folteropfer e.V.
Schwedendammstraße 6

78050 Villingen-Schwenningen
T. 07721-504166
F. 07721-504165
info@refugio-vs.de
www.refugio-vs.de

Bayern

Amnesty International
Bezirkskoordinationsgruppe für politische Flüchtlinge
Bezirk München und Oberbayern
Volkartstraße 76
80636 München
T. 089-165412
F. 089-165404
asyl@amnesty-muenchen.de
www.amnesty-muenchen-asyl.de

QueerAmnesty
Bezirksgruppe München
Flu Bäuerle
T. 0176-77517301
muenchen@queeramnesty.de

Sub e.V.
Gruppe Refugees@Sub
Uwe Hagenberg
Müllerstraße 14
80469 München
T. 089-856346424
www.subonline.org

Koordinierungsstelle für
Gleichgeschlechtliche Lebensweisen
Andreas Unterforsthuber
Angertorstraße 7
80469 München
T. 089-23000942
F. 089-23001982
a.unterforsthuber@muencen.de
www.muenchen.de/koordinierungsstelle

Fliederlich e.V.
Schwulesbisches Zentrum Nürnberg
Sandstraße 7
90443 Nürnberg
T. 0911-42345710
F. 0911-42345720
verein@fliederlich.de
www.fliederlich.de

Amnesty International
Asylberatung Passau-Ostbayern
Postfach 1966
94009 Passau
asyl@amnesty-passau.de

Diakonischen Werk Passau e.V.
Nikolastraße 12d
94032 Passau
Marion Patry-Lepold
T. 08531-910130
Sandra Löw
T. 0851-5606150
T. 0851-56060 (Geschäftsstelle)

F. 0851-5606160
geschaeftsstelle@diakonie-passau.de
www.diakonie-passau.de/dienste-und-angebote/migration-und-asyl

RESI Regensburger Schwulen- und Lesbeninitiative
Verein gegen die Diskriminierung von Homosexualität e.V.
Blaue-Lilien-Gasse 1
93047 Regensburg
T. 0941-89450910
F. 0941-89456318
info@resi-online.de
www.resi-online.de

Queer Regensburg
queer.regensburg@gmail.com
www.facebook.com/LGBTIQ.regensburg

Amnesty Asylberatung
Bezirk Würzburg
Friedenstraße 3
97072 Würzburg
T. 0175-1253224 (Notfallnummer für Asylsuchende)
asylberatung@amnesty-wuerzburg.de
www.amnesty-wuerzburg.de

Berlin

Amnesty International
Asylgruppe Berlin
Haus der Demokratie und Menschenrechte
Greifswalder Straße 4
10405 Berlin
T. 030-84109052

F. 030-84109055
info@amnesty.de
www.amnesty-asylgruppe-berlin.de

QueerAmnesty
Stephan Cooper
T. 030-7962874
T. 0179-6793678
berlin@queeramnesty.de
www.queeramnesty-berlin.de

GLADT e.V.
Koloniestraße 116
13359 Berlin
T. 030-26556633
T. 0157-82074231
info@gladt.de
www.GLADT.de

Schwulenberatung Berlin
Fachstelle für LSBTI* Flüchtlinge
Wilhelmstraße 115
10963 Berlin
T. 030-4466880
F. 030-44668879
refugees@schwulenberatungberlin.de
refugees@sbberlin.info
www.schwulenberatungberlin.de/refugees-deutsch

Queere Unterkunft Treptow
Not- und Gemeinschaftsunterkunft für LSBTI* Flüchtlinge
T. 0152-06542874
qu.treptow@schwulenberatungberlin.de

www.facebook.com/queereUnterkunft.trepow/

LSVD Berlin-Brandenburg e.V.
MILES – Zentrum für Migranten, Lesben und Schwule
Kleiststraße 35
10787 Berlin
T. 030-22502215
miles@blsb.de
https://berlin.lsvd.de/projekte/miles

Brandenburg

LSVD Berlin-Brandenburg e.V.
MILES – Zentrum für Migranten, Lesben und Schwule
Kleiststraße 35
10787 Berlin
T. 030-22502215
miles@blsb.de
https://berlin.lsvd.de/projekte/miles

Diakonisches Werk Potsdam e.V.
Rudolf-Breitscheid-Straße 64
14482 Potsdam
T. 03381-2008380 (Beratung Potsdam)
c.fernandez@dwpotsdam.de
T. 03381-7938697 (Beratung Stadt Brandenburg)
i.stiebitz@dwpotsdam.de
www.diakonisches-werk-potsdam.de/menue/bfd/

AIDS-Hilfe Lausitz e.V.
im Kulturzentrum Bunte Welt
Thierbacher Straße 21
03048 Cottbus

T. 0355-29065385
info@aids-hilfe-lausitz.de
www.aids-hilfe-lausitz.de

Rat & Tat
Straße der Jugend 33, 7. Etage
03050 Cottbus
T. 0321-21335991
F. 0321-21412072
beratung@love-sex-safe.de
www.katte.eu

Caritashaus St. Josef
Leipziger Straße 39
15232 Frankfurt (Oder)
T. 0335-5654150
F. 0335-5654100
migration-frankfurt-oder@caritas-brandenburg.de (Beratung Frankfurt/Oder)
Jahn@caritas-dicvgoerlitz.de (Beratung Finsterwalde)
mbe-fuerstenwalde@caritas-brandenburg.de (Beratung Oder-Spree)
mbe-strausberg@caritas-brandenburg.de (Beratung Märkisch-Oderland)
www.caritas-brandenburg.de

Rat & Tat
Jägerallee 29
14469 Potsdam
T. 0331-240190
F. 0331-240188
beratung@love-sex-safe.de
www.katte.eu

Bremen

Amnesty Asylberatung
Bezirk Bremen, Weser, Ems
Goetheplatz 4
28203 Bremen
info@amnesty-bremen.de
www.amnesty-bremen.de

RAT & TAT Zentrum für queeres Leben e.V.
Theodor-Körner-Straße 1
28203 Bremen
T. 0421-704170
F. 0421-700009
beratung@ratundtat-bremen.de
www.ratundtat-bremen.de

Hamburg

Magnus-Hirschfeld-Centrum e.V.
Borgweg 8
22303 Hamburg
T. 040-27 87 78 00
T. 040-2790069 (Schwulenberatung)
F. 040-27877802
info@mhc-hamburg.de
www.mhc-hamburg.de

Queer Refugees Support
c/o Centro Sociale
Sternstraße 2
20357 Hamburg
mail@queer-refugees-support.de

Hein und Fiete
Pulverteich 21
20099 Hamburg
T. 040-28050983
F. 040-28050983

read – Beratung
Steindamm 11
20099 Hamburg
T. 040-39842671
T. 040-39842661
rainer.ulfers@basisundwoge.de
birte.weiss@basisundwoge.de

Queeramnesty Hamburg
Amnesty International
Bezirk Hamburg
Eilbeker Weg 214
22089 Hamburg
T. 040-60942058
info@queeramnesty.hamburg
www.queeramnesty.hamburg/refugees

Hessen

Diakonisches Werk Darmstadt-Dieburg
Despina Paraskevaidou
Zweifalltorweg 10
64293 Darmstadt
T. 06151-926121
F. 06151-926100
paraskevaidou@dw-darmstadt.de
www.dw-darmstadt.de

Vielbunt – queere Community Darmstadt e.V.
Holzstraße 5
64283 Darmstadt
T. 0176-62573994
info@vielbunt.org
www.vielbunt.org/refugees-welcome/

AG36: Schwules Zentrum
Alte Gasse 36
60313 Frankfurt
T. 069-295959
info@ag36.de
www.ag36.de

Amnesty International
Asylberatung Bezirk Frankfurt
Leipziger Straße 17
60487 Frankfurt
T. 069-496149
asyl@amnesty-frankfurt.de
www.amnesty-frankfurt.de

Rainbow Refugees FFM
rainbowrefugees@gmail.com
www.facebook.com/pg/rainbow.refugees.ffm

Amt für multikulturelle Angelegenheiten (AmkA)
LSBTIQ Koordinierungsstelle
Elena Barta/Ali Temur
Lange Straße 25-27
60311 Frankfurt am Main
T. 069-21273145
T. 069-21274529

elena.barta@stadt-frankfurt.de
ali.temur@stadt-frankfurt.de
LSBTIQ@stadt-frankfurt.de

Flüchtlingsseelsorge Ev. Dekanat Gießen
Meisenbornweg 23
35398 Gießen
T. 0641-9719244
F. 0641-9719245
fluechtlingsberatung@ekhn-net.de

Diakonisches Werk Kassel
Helga Sievers (Stadt Kassel)
Reimer Bendix (Landkreis Kassel)
Hermannstraße 6
34117 Kassel
T. 0561-712880
F. 0561-7128888
info@dw-kassel.de
www.dw-kassel.de/rat-und-hilfe-finden/fluechtlingsberatung

AIDS-Hilfe Wiesbaden e.V.
Alexander Arnold, Chris Hallmann
Karl-Glässing-Straße 5
65183 Wiesbaden
T. 0611-302436
F. 0611-377213
Arnold.ahw@t-online.de
Chris.hallmann@wiesbaden.de
www.aidshilfe-wiesbaden.de/themen/flüchtlinge

Mecklenburg-Vorpommern

rat+tat e.V. Rostock
Leonhardstraße 20
18057 Rostock
T. 0381-453156
F. 0381-453161
post@ratundtat-rostock.de
www.ratundtat-rostock.de

LSVD Mecklenburg-Vorpommern
Gaymeinsam e.V.
Lübecker Straße 43
19053 Schwerin
T. 0385-557554
F. 0385-557554
info@gaymeinsam-mv.de
www.gaymeinsam-mv.de

Flüchtlingsrat Mecklenburg-Vorpommern e.V.
Goethestraße 75
19053 Schwerin
T. 0385-5815790
T. 0173-8943140
beratung@fluechtlingsrat-mv.de

Niedersachsen

LSVD Niedersachsen-Bremen e.V .
Postfach 32 32
49022 Osnabrück
T. 0541-59792518
F. 0541-59792519

nds-bremen@lsvd.de
http://nds-bremen.lsvd.de

Niedersächsische Vernetzungsstelle für
die Belange der LSBTI-Flüchtlinge
Queer Refugees Niedersachsen
Kadir Özdemir
Andersraum
Asternstraße 2
30167 Hannover
T. 0511-34001348
F. 0511-34001347
info@andersraum.de
www.andersraum.de
info@nvbf.de
www.queer-refugees-niedersachsen.de
www.facebook.com/QueerRefugeesNiedersachsen/

Land Lust e.V.
Hilfe für LGBT-Flüchtlinge in
Aurich, Meppen, Emsland,
Cloppenburg und Grafschaft Bentheim
Hasebrinkstraße 38a
49716 Meppen
T. 01577-3344919
info@land-lust.info
www.land-lust.info

DRK Aurich Migrationsarbeit
Bernd Tobiassen
Schmiedestraße 13
26603 Aurich
T. 04941-604888

F. 04941-933523
migrationsarbeit@drk-kv-aurich.de
http://drk-kv-aurich.de/14.html

Refugium Flüchtlingshilfe e.V.
Steinweg 5
38100 Braunschweig
T. 0531-2409800
F. 0531-77063
info@refugium-braunschweig.de
www.refugium-braunschweig.de/angebote/fluchtlingsberatung/

Verein für sexuelle Emanzipation e.V.
Echternstraße 9
38100 Braunschweig
T. 0531-616515757
refugees@vsebs.de
www.vsebs.de

Face to Face
c/o VNB Göttingen
Nikolaistraße 1c
37073 Göttingen
fluechtlinge@schwul-in-goettingen.de
www.schwul-in-goettingen.de

Amnesty International
Bezirk Hannover
Asylberatung
Fraunhoferstraße 15
30163 Hannover
T. 0511-667263
asyl@amnesty-hannover.de

amnesty-hannover.de

Kargah e.V. Flüchtlingsarbeit
Zur Bettfedernfabrik 1
30451 Hannover
T. 0511-12607815
F. 0511-12607822
info@kargah.de
www.kargah.de

Landeshauptstadt Hannover
Beauftragte für sexuelle und geschlechtliche Vielfalt
Thomas Adank
Brüderstraße 5, 3. OG
30159 Hannover
T. 0511-16836470
Thomas.Adank@hannover-stadt.de

Queer Refugees Hannover
queer-refugees@posteo.de

Amnesty International Asylberatung
Bezirk Kassel-Göttingen
Weenderstraße 42
37073 Göttingen
aigoe1121@gmail.com
www.amnesty-goettingen.de

AIDS-Hilfe Oldenburg e.V.
Queer Refugees
Bahnhofstraße 23
26122 Oldenburg
T. 0441-19411

F. 0441-14222
info@aidshilfe-oldenburg.de
www.aidshilfe-oldenburg.de
www.queer-refugees-ol.blogspot.de

IBIS e.V.
Klävemannstraße 16
26122 Oldenburg
T. 0441-92058220
F. 0441-92058219
asyl@ibis-ev.de
www.ibis-ev.de

Exil e.V.
Osnabrücker Zentrum für Flüchtlinge
im Kulturzentrum Lagerhalle
Rolandsmauer 26
49074 Osnabrück
T. 0541-7602448
kontakt@exilverein.de
http://exilverein.de

Queer Refugees Osnabrück
T. 0175-55557995
osnabrueck@queer-refugees.de

Queer Refugees Support Osnabrück
www.facebook.com/queerso

Nordrhein-Westfalen

Lesben- und Schwulenverband (LSVD)
Bundesgeschäftsstelle und LSVD NRW

Hülchrather Straße 4
50670 Köln
T. 0221-9259610
F. 0221-92596111
nrw@lsvd.de
www.nrw.lsvd.de

Schwules Netzwerk NRW
Lindenstraße 20
50674 Köln
T. 0221-2572847
F. 0221-2572848
info@schwules-netzwerk.de
www.schwules-netzwerk.de

Amnesty International Asylberatung
Bezirk Aachen
Adalbertsteinweg 123a
52070 Aachen
www.amnesty-aachen.de

Rainbow e. V.
Jakobstraße 161
52064 Aachen
T. 0241-4019700
F. 0241-34638
info@rainbow-aachen.de
www.rainbow-aachen.de

Arbeitskreis Asyl Bielefeld e.V.
Friedenstraße 4-8
33602 Bielefeld
T. 0521-78715240

F. 0521-78715293
info@ak-asyl.info

queer refugees support
der Aidshilfe Bielefeld
Dzevad Burdalic
T. 0521-133388
T. 0176-24051819
queer.refugees@aidshilfe-bielefeld.de
www.aidshilfe-bielefeld.de/queer-refugees.html

Amnesty International
Ostwestfalen-Lippe
Jöllenbecker Straße 103
33613 Bielefeld
T. 0521-9679440
F. 0251-9679441
bezirk@amnesty-owl.de
www.amnesty-owl.de

Rosa Strippe
Senlima
Nicky Ulrich
Kortumstraße 143
44787 Bochum
T. 0234-6404621
T. 0157-33880975
F. 0234-516 57 67
mivo@rosastrippe.net
www.rosastrippe.de

Amnesty International Asylberatung
Bezirk Bonn/Koblenz
Heerstraße 30
53111 Bonn
mail@amnesty-bonn.de
www.amnesty-bonn.de

GAP in Bonn
Jugendtreff
Obere Wilhelmstraße 29
53225 Bonn
T. 0228-9490977
info@gap-in-bonn.de
http://gap-in-bonn.de

Koordinierungsstelle für
Lesben, Schwule & Transidente
Friedensplatz 5
44122 Dortmund
T. 0231-5027559
shildebrandt@stadtdo.de

Diakonisches Werk Dortmund
Glückaufsegenstraße 60 - Haus 12
44265 Dortmund
T. 0231-4442406
F. 0231-4754620

Sunrise Dortmund
Beratung für jugendliche Flüchtlinge
Madeline Doneit
T. 0176-47165040
poc@sunrise-dortmund.de

www.sunrise-dortmund.de/lgbtqi-refugees/

Amnesty International Asylberatung
Bezirk Dortmund
Siegfriedstraße 12
44137 Dortmund
info@ai-dortmund.de
www.ai-dortmund.de

Stadt Duisburg
Referat für Gleichberechtigung und Chancengleichheit
Joachim Müller
T. 0203-2836983
F. 0203-2833964
jo.mueller@stadt-duisburg.de
vielfaeltige-lebensformen@stadt-duisburg.de

Amnesty International Asylberatung
Bezirk Düsseldorf
Neusser Straße 86
40219 Düsseldorf
T. 0211-4792688
www.amnesty-duesseldorf.de

You're Welcome – Mashallah
Amit-Elias Marcus
AIDS-Hilfe Düsseldorf e.V.
Johannes-Weyer-Straße 1
40225 Düsseldorf
T. 0211-7709531
amit-elias.marcus@duesseldorf.aidshilfe.de
www.mashallah-nrw.de

www.duesseldorf.aidshilfe.de/de/aufklarung-pravention/migranten/welcome

Puls – Gruppe für
Jugendliche mit Migrationshintergrund
Jukka Jokela
T. 0211-21094852
jukka.jokela@puls-duesseldorf.de
www.sljd.de/index.php/kultur-impuls-en.html

Schwulenberatung Düsseldorf e.V.
Postfach 130745
40557 Düsseldorf
T. 0211-4953453
T. 0176-30319097
beratung@schwulenberatung-duesseldorf.de

Refugees Welcome to Düsseldorf
Andreas Vollmert
Heinz-Schmöle-Straße 7
40227 Düsseldorf
T. 0157-83517520
a.vollmert@fwi-d.de
www.fluechtlinge-willkommen-in-duesseldorf.de

Stadt Essen
Koordinierungsstelle Gleichgeschlechtliche Lebensweisen
Stefan Zebrowski
Theaterpassage, Rathenaustraße 2, 5. OG
45121 Essen
T. 0201-8888956
stefan.zebrowski@sozialamt.essen.de

AIDS-Hilfe Essen e.V.
Gruppe Mashallah
Juan Maddocks
Varnhorststraße 17
45127 Essen
T. 0201-1053706
F. 0201-1053729
j.maddocks@aidshilfe-essen.de
aidshilfe-essen.de/angebote/migration/

AWO Lore-Agnes-Haus in Essen
LSBTI-Refugees Welcome
Lützowstraße 32
45141 Essen
T. 0201-31053
F. 0201-3105110
www.lore-agnes-haus.de/beratung/lsbti-refugees-welcome

together gelsenkirchen
Wildenbruchstraße 13
45888 Gelsenkirchen
T. 0209-1209368
gelsenkirchen@together-virtuell.de
www.togehter-virtuell.de

Lebenslust- Beratungsteam
& together Jugendgruppe
c/o Radhaus
Sommerdeich 37
47533 Kleve
kleve@together-virtuell.de
Integrationsrat der Stadt Kleve
T. 02821-7115951

kleverland@gmx.de

Integrationsagentur im rubicon. e.V.
Rubensstraße 8-10
50676 Köln
T. 0221-276699933
Gema.rodriguez.diaz@rubicon-koeln.de
www.rubicon-koeln.de

Stadt Köln Die Oberbürgermeisterin
Diversity Fachstelle für Lesben, Schwule und Transgender
Kleine Sandkaul 5
50667 Köln
T. 0221-22121087
F. 0221-22129166
LST@stadt-koeln.de
ww.stadt-koeln.de/leben-in-koeln/soziales/ lesben-schwule-transgender

queer.salam.cologne e.V.
info@queersalam.cologne
www.queersalam.cologne

Queeramnesty
Bezirksgruppe Köln
Judith Kopka
koeln@queeramnesty.de

Allerweltshaus e.V.
Migrations- und Sozialberatung
Körnerstraße 77-79
50823 Köln
T. 0221-5103044

F. 0221-2714650
beratung@allerweltshaus.de
www.allerweltshaus.de

Amnesty International Asylberatung
Bezirk Köln
Domstraße 56
50668 Köln
info@amnesty-koeln.de
www.amnesty-koeln.de

lgbt-refugee group
im Jugendzentrum Anyway
Ina Wolf
0221-57777677
ina.wolf@anyway-koeln.de
www.anyway-koeln.de

Rainbow refugees cologne
Freddie Heithoff
info@rainbow-refugees.cologne
https://rainbow-refugees.cologne/

Lebenslust Beratungsteam und
together Jugendzentrum
Laura Haverkamp
Neue Linner Straße 61- 63
47799 Krefeld
laura.haverkamp@together-virtuell.de

Mülheim an der Ruhr SVLS e.V .
Friedrichstraße 20
45468 Mülheim an der Ruhr

T. 0208-4125921
F. 0208-4125587
torsten.schrodt@together-virtuell.de
www.svls.deinfo@svls.de

lgbt-refugee group together
Waldemar Ginter
Teinerstraße 26
45468 Mülheim an der Ruhr
T. 0208-4125921
waldemar.ginter@together-virtuell.de
muelheim@together-virtuell.de
www.together-virtuell.de

No-Name LSBT* Jugendtreff
T. 0163-9856337
T. 0163-9856619
info@noname-oberhausen.de
www.facebook.com/nO.nameOberhausen/

GGUA Flüchtlingshilfe
Hafenstraße 3-5
48153 Münster
T. 0251-144860
F. 0251-1448610
info@ggua.de
www.ggua.de

Amnesty International Asylberatung
Bezirk Münster-Osnabrück
Achtermannstraße 10-12
48143 Münster
bezirk@amnesty-muenster-osnabrueck.de

www.amnesty-muenster-osnabrueck.de

Rheinland-Pfalz

LSVD Rheinland-Pfalz e.V.
c/o Bar jeder Sicht
Hintere Bleiche 29
55116 Mainz
rlp@lsvd.de
http://rlp.lsvd.de/

Caritas Zentrum Kaiserslautern
Fachdienst für Migration und Integration
Gisela Fixemer-Reiland
Engelgasse 1
67657 Kaiserslautern
T. 0631-36120267
F. 0631-36120261
gisela.fixemer-reiland@caritas-speyer.de

fairness-Kaufhaus
Marco Riebe, Joachim Geimer
Beethovenstraße 56
67655 Kaiserslautern
T. 0631-62487564
F. 0631-62489359

Diakonisches Werk des
Evangelischen Kirchenkreises Koblenz
Interkulturelle Dienste
Bodelschwinghstraße 36f
56070 Koblenz
T. 0261-988570112

T. 0261-98857010
F. 0261-988570131
dw-ikd@kirchenkreis-koblenz.de
www.diakonie-ko.de

RAT & TAT Koblenz e.V.
für das nördliche Rheinland-Pfalz
Moselweißer Straße 65
56073 Koblenz
T. 0261-16699
F. 0261-39499108
info@ratundtat-koblenz.de
www.koblenz.aidshilfe.de

Schwule Jugendgruppe Koblenz (SJK) e.V.
Rizzastraße 14
56068 Koblenz
T. 0261-45093207
sjk@schwulejugend.de
www.schwulejugend.de

queer – mittelrhein gem. e.V.
c/o RAT & TAT Koblenz e.V.
Moselweißer Straße 65
56073 Koblenz
T. 0261-9422191
T. 0176-96340191
F. 0261-13490389
info@queer-mittelrhein.de
www.queer-mittelrhein.de

Café Asyl
Haus Südstern
Weißenburger Straße 30
76829 Landau
cafeasyl.landau@gmail.com
www.cafeasyl-landau.de

AWO-Stadtkreisverband
Ludwigshafen am Rhein e.V.
Ekaterine Degen
Maxstraße 65
67059 Ludwigshafen
T. 0621-511706
T. 0176-84548394
F. 0621-5292156
degen@awo-lu.de
www.awo-lu.de

Amnesty International Asylberatung
Bezirk Mainz/Wiesbaden
Kaiserstraße 26-30
55116 Mainz
T. 06131-611820
info@amnesty-mainz.de
www.amnesty-mainz.de

Antidiskriminierungsstelle des
Landes Rheinland-Pfalz
Kaiser-Friedrich-Straße 5a
55116 Mainz
T. 06131-165605
T. 06131-165606
antidiskriminierungsstelle@mifkjf.rlp.de

Rainbow Refugees Mainz
0151-57575080
rainbowrefugeesmainz@gmx.de
www.facebook.com/rainbow.refugees.mainz/

Queer Refugees Trier
familienvielfalt.tr@queernet-rlp.de

Multikulturelles Zentrum Trier e.V.
Balduinstraße 6
54290 Trier
T. 0651-48497
F. 0651-9943617
buero@multicultural-center.de
www.multikulturelles-zentrum-trier.de

Saarland

LGBTI Refugees Network
Hardy Johann, Florian Sand
Goethestraße 1
66121 Saarbrücken
T. 01525-8559377
lgbtirefugeessaar@gmail.com
www.facebook.com/lgbti.refugees.network

LSVD Saar
Mainzer Straße 44
66121 Saarbrücken
T. 0681-398833
F. 0681-398866
info@checkpoint-sb.de
https://saar.lsvd.de

Diakonie Saar
Stabstelle Flüchtlingsarbeit
Maike Lüdeke-Braun
Pommernstraße 6
66822 Lebach
T. 06881-4783
F. 06881-53017
maike-luedeke-braun@dwsaar.de

Caritasverband Saar-Hochwald e.V.
Torstraße 24
T. 06861-912070
66663 Merzig
info@caritas-saarlouis.de
www.caritas-saarlouis.de

LSVD Saar
Gruppe für Homosexuelle mit Migrationshintergrund
„strangers are friends“
Mainzer Straße 44
66121 Saarbrücken
T. 0681-398833
info@checkpoint-sb.de www.saar.lsvd.de

Sachsen

CSD Dresden e.V.
Koordinierungsstelle für
LSBT-Flüchtlinge in Sachsen
Zwickauer Straße 8
01069 Dresden
T. 0351-47596899
T. 0151-11127253

F. 03222-1761009
refugees@csd-dresden.de
www.csd-dresden.de

Lesben- und Schwulenverband Deutschland (LSVD)
Landesverband Sachsen
Information Center for LGBTI Refugees Chemnitz
Hilbersdorferstraße 72
09131 Chemnitz
T. 0371-35146557
T. 0176-75926504
cosima.lambrecht@lsvd.de
www.sachsen.lsvd.de/lgbti-refugees

Ausländerrat Dresden e.V.
Johanna Stoll
Adlergasse 16
01067 Dresden
T. 01575-3597375
stoll@auslaenderrat.de
www.auslaenderrat-dresden.de

Gerede – homo, bi und trans e.V.
Beratung LSBTI-Refugees
Prießnitzstraße 18
01099 Dresden
T. 0351-8022251
kontakt@gerede-dresden.de
www.gerede-dresden.de

Antidiskriminierungsbüro e.V.
Kochstraße 14
04275 Leipzig

T. 0341-3039492
F. 0341-3039971
beratung@adb-sachsen.de

Refugee Law Clinic
Kochstraße 132
04277 Leipzig
refugeelawclinic@uni-leipzig.de
https://rlcl.de

RosaLinde Leipzig e.V.
Lange Straße 11
04103 Leipzig
T. 0341-8796982
F. 0341-8790173
kontakt@rosalinde-leipzig.de
www.rosalinde-leipzig.de

QueerAmnesty
Bezirksgruppe Leipzig
Lena Perleth
queeramnesty.leipzig@gmx.de

Diakonisches Werk
Stadtmission Plauen e.V.
Friedensstraße 24
08523 Plauen
T. 03741-15390
F. 03741-153929
info@diakonie-plauen.de
www.diakonie-plauen.de

PAWO Migrationsberatung
für erwachsene Zuwanderer
Maxim-Gorki-Straße 15
01796 Pirna
T. 03501-528175
F. 03501-443425
migration@awo-sonnenstein.de
www.awo-in-sachsen.de/migranten,44.php

CSD Pirna e.V.
Postfach 100205
01782 Pirna
T. 0162-4301209
info@csd-Pirna.de

Sachsen-Anhalt

Lesben- und Schwulenverband Deutschland (LSVD)
Landesverband Sachsen-Anhalt e.V.
Schäfferstraße 16
39112 Magdeburg
sachsen-anhalt@lsvd.de
www.sachsen-anhalt.lsvd.de

Caritasverband Bistum Magdeburg
Beratung für gleichgeschlechtliche Lebensweisen
Langer Weg 65-66
39112 Magdeburg
T. 0391-60530
F. 0391-6053100
kontakt@caritas-magdeburg.de
www.caritas-magdeburg.de/69964.html

AIDS-Hilfe Sachsen-Anhalt Nord e.V.
Magdeburger Straße 15
38820 Halberstadt
T. 03941-601666
F. 03941-53576920
info@aidshilfesachsenanhaltnord.de
www.aidshilfesachsenanhaltnord.de

Schleswig-Holstein

AWO Landesverband SH e.V.
IntegrationsCenter Flensburg
Schlossstraße 4
24939 Flensburg
T. 0461-24743
F. 0461-181559
selina.hossain@awo-sh.de
www.awo-sh.de

Antidiskriminierungsstelle
Schleswig-Holstein
Karolinenweg 1
24105 Kiel
T. 0431-9881240
F. 0431-9881239
antidiskriminierungsstelle@landtag.ltsh.de

Amnesty International
Bezirk Kiel-Flensburg
Bremer Straße 2
24118 Kiel
T. 0157-53387958
asyl@amnesty-Kiel.de

HAKI e.V.
lesbisch-schwule Emanzipationsarbeit
in Schleswig-Holstein
Westring 278
24116 Kiel
T. 0431-17090
T. 0413-19446
post@haki-sh.de
www.haki-sh.de

Jugendnetzwerk lambda::nord e.V.
Mengstraße 43
23552 Lübeck
T. 0451-7075588
F. 0451-7075587
info@lambda-nord.de
www.lambda-nord.de

Lübecker Flüchtlingsforum e.V.
Hüxstraße 79-83
23552 Lübeck
T. 0451-7072299
F. 0451-6130548
fluefo.luebeck@t-online.de

Thüringen

LSVD Thüringen e.V.
T. 0179-9051450
vorstand@lsvd-thueringen.de
www.lsvd-thueringen.de

Caritas Eisenach
Alexanderstraße 45
99817 Eisenach
T. 03691-204890
F. 03691-204890
schmidt.m@caritas-bistum-erfurt.de

Stadt Erfurt
Migrations- und Integrationsbeauftragte
Benediktsplatz 1
99084 Erfurt
T. 0361-6551044
F. 0361-6556722
Migrations-Integrationsbeauftragte@erfurt.de

Amt für Soziales und Gesundheit
Juri-Gagarin-Ring 150
99084 Erfurt
T. 0361-6556101
F. 0361-6556109
Soziales-Gesundheit@erfurt.de

DO Diakonie Ostthüringen
Migrationsberatung
Talstraße 30
07545 Gera
T. 0365-77367160
dittrich@do-diakonie.de
www.do-diakonie.de/themenleiste-migrationfluechtlingshilfe.html

Gleichstellungsbeauftragte
Stadtverwaltung Gotha
Hauptmarkt 3

99867 Gotha
T. 03621-222229
F. 03621-222209
gleichstellung@gotha.de

Verein L'amitié e.V.
Multikulturelles Zentrum
Beratungsstelle Flüchtlingsberatung
Humboldtstraße 95
99867 Gotha
T. 03621-29340
T. 03621-707278
F. 03621-707273
lamitie@gmx.de
www.lamitie-gotha.de

REFUGIO Thüringen
Psychosoziales Zentrum für Flüchtlinge
Wagnergasse 25
07743 Jena
T. 03641-226281
F. 03641-238198
refugio-thr@web.de
www.refugio-thueringen.de

Beratungsstelle für Asylsuchende im
Evangelischen Kirchenkreis Henneberger Land
Thüringer Flüchtlingssozialarbeit (EFF-Projekte)
Kirchgasse 10
98527 Suhl
T. 03681-308193
F. 03681-308195
cabanasuhl@hotmail.de

LGBTI Refugees Welcome Thüringen
c/o Vielfalt Leben – QueerWeg
Verein für Thüringen e. V.
Asbachstraße 36
99435 Weimar
T. 01575-1840920
F. 03212-7833793
refugees@queerweg.de
www.queerweg.de

Patrick Fina
Matthias Nebel

Südlich von Hetero

190 Seiten

ISBN
978-3-86361-605-2

Auch als E-book

Schwule Jugendliche gibt es überall. Auf dem Land, in der Großstadt, im Norden, im Süden. An Schulen, im Schwimmverein und im Jugendclub. Aber wie geht es denen? Wie ist das, jung und schwul zu sein? Wie schrecklich, wie schön, wie normal?
Diese Fragen haben sich Patrick Fina und Matthias Nebel gestellt. Auf der Suche nach Antworten sind die beiden quer durch Deutschland gereist. Sie haben junge Schwule getroffen und ihre Geschichten aufgeschrieben. Dabei ist dieses Buch entstanden: Ein Portrait von zehn verschiedenen jungen Menschen. Sie erzählen über ihr Coming-out und ihr Leben in einem teils überraschend toleranten, manchmal aber auch erschreckend aggressiven Umfeld.
Zehn Jahre sind seitdem vergangen. Zeit, noch einmal nachzufragen: Wie geht es den mittlerweile Erwachsenen? Was haben sie erlebt, wie zufrieden sind sie?

Männer – Freunde – Liebespaare

Biographische Notizen
von
Dieter Allers

136 Seiten
s/w Abbildungen
18 farbige Abbildungen

Hardcover

ISBN print
978-3-86361-608-3

Männerpaare gibt es seit den antiken Mythen, im Alten Testament, in Geschichte und Literatur, zuletzt in „Brokeback Mountain“. Oft kennt man nur den Berühmteren – Michelangelo, Shakespeare, Montaigne – aber zu jedem gehört ein Partner.

Diese biographischen Skizzen stellen sie als Freunde oder Liebespaare in ihrer meist fruchtbaren Beziehung dar. Auch „tragische Paare“ wie Oscar Wilde und Lord Douglas, Rimbaud und Verlaine werden in ihrem Drama skizziert. Wegen der christlichen Sexualtabus tauchen in der Literatur Männerpaare erst im 19. Jahrhundert auf. Walt Whitman, Thomas Mann u.a. haben diese Sehnsucht und Liebe beschrieben.
Der Autor beleuchtet die Schicksale dieser Männer, die ihre Liebe mit dem Partner eint, die damit wachsen und manchmal scheitern.

www.himmelstuermer.de

Yasar Destan

Deniz

476 Seiten

ISBN print
978-3-86361-488-1

Auch als E-book

Der 17jährige Deniz Arslan führt mit seiner Familie ein bescheidenes Leben im verschlafenen Nest Govern. In seiner Freizeit hängt er am liebsten mit dem Punk Knorpel am Bahnhof ab.

Eines Tages nimmt Knorpel ihn auf eine Party der Fachhochschule mit. Eigentlich wollen sie dort nur Ganja von Tanky kaufen, doch Deniz hat in der Mensa eine schicksalhafte Begegnung mit Raphael. Deniz spürt in sich Gefühle aufkeimen, die er bisher nie zugelassen hat und verliebt sich Hals über Kopf in den rebellischen Querdenker. Ein Umstand, den es mit allen Mitteln zu unterdrücken gilt, denn eine über Freundschaft hinausgehende Liebe zwischen zwei Männern ist mit den Idealen seiner Familie und Kultur unvereinbar. Trotzdem beginnt er mit Raphael eine immer leidenschaftlicher werdende Beziehung – natürlich unter strengster Geheimhaltung. Die Ereignisse überschlagen sich, als seine Eltern schließlich doch unerwartet von seinem Schwulsein erfahren. Sie haben ihre ganz eigenen Vorstellungen von der Zukunft ihres Sohnes ...

FSC
www.fsc.org
MIX
Papier | Fördert gute Waldnutzung
FSC® C083411

Zeitfracht Medien GmbH
Ferdinand-Jühlke-Straße 7
99095 Erfurt, Deutschland
produktsicherheit@kolibri360.de